Von Auschwitz nach Beverly Hills

Marton Stark, Heinz Bachmann

Erste Auflage: Herbst 2013

Alle Rechte vorbehalten

Copyright © 2013 by Heinz Bachmann und Marton Stark

Gestaltung: Laila Defelice

Herstellung: Books on Demand GmbH, Norderstedt

Edition 381/www.manuskript-oase.ch

ISBN: 978-3-9524044-5-4

Mahnmal beim KZ Mauthausen, bestehend aus 100 in Beton gegossenen Köpfen. Künstlerin: Ewa Kaja/Polen.

Zugehöriger Text: Das Porträt eines Menschen, ein Kopf in Lebensgröße, wird in Beton gegossen und in hundertfacher Ausfertigung wiederholt. Dadurch wird der ehemals individuelle Mensch »gleichgeschaltet«, der Einzelne löst sich auf und wird zur Masse.

Die Köpfe wurden in die Erde versenkt und bilden einen sieben Meter langen »Weg«. Über die Köpfe der Menschen wird hinweggegangen. Der Mensch in der Masse wird getreten, er hat seine Individualität verloren, er ist nicht bedeutender als ein Steinpflaster zwischen anderen Menschen, die genauso wie er zur Masse geworden sind. Masse, die als Material genutzt wird.

Bei jedem Krieg verlieren die Menschen ihr Recht auf ihr eigenes Schicksal. Sie sind nur Armeefleisch oder werden zum Menschenmaterial für politische Manipulationen.

Inhalt

Denk(mal!) zur Erinnerung an Elise Welti und für meine Söhne Nino und Mattia

Vorwort

Hoffnung ist nicht die Überzeugung,
dass etwas gut ausgeht,
sondern die Gewissheit, dass etwas Sinn hat,
egal wie es ausgeht.

Václav Havel[1]

Laut einer Umfrage vom Januar 2012 kann ein Fünftel der
19- bis 29-jährigen Deutschen den Begriff »Auschwitz«
nicht zuordnen.[2] Die Angehörigen derjenigen Generation,
die den Zweiten Weltkrieg, die Verfolgung durch die Nationalsozialisten und die Konzentrationslager erlebt haben,
sind nahezu alle gestorben. Marton Stark gehört zu den
wenigen noch lebenden Zeitzeugen. Er kam im Mai 1944
als 15-Jähriger in ein ungarisches Ghetto, später in die Lager Auschwitz und Buchenwald. Was er im Nachhinein –
angeregt durch eine Schweizer Betreuerin – notiert hat, ist
in seiner Wortgewalt und Unverfälschtheit einmalig.

   Die schonungslose Schilderung des Abrückens von
jeglicher Menschlichkeit erstaunt und erschreckt. Wortwahl,
Tempo und Rhythmus übernehmen zusehends die Mono-
tonie der Vernichtungsmaschinerie, widerspiegeln den Zer-
störungswahn der Todesmärsche, die Aussichtslosigkeit der
Situation. Der Text erschüttert umso mehr, als er von einem
Jugendlichen verfasst worden ist, dessen Zukunft sich auf
eine Frage reduzierte: Wie überlebe ich den nächsten Tag?

Nach der Befreiung musste sich Marton Stark, gesundheitlich geschwächt und auf sich allein gestellt, in einer fremden Umgebung in die »Normalität« vortasten. Gelungen ist ihm dies durch die Übersiedelung in die USA, die Gründung einer Familie, den Aufbau einer eigenen beruflichen Existenz sowie die aktive Auseinandersetzung mit seiner Geschichte. Zusammen mit der Steven-Spielberg-Stiftung »Survivor of the Shoah« hielt der inzwischen erfolgreiche Unternehmer Referate, besuchte Schulklassen und gab Zeitungsinterviews. Drei blaue Hefte umfasst seine Niederschrift: ein Überlebensbericht sowie ein einzigartiger Blick auf ein dunkles Kapitel der europäischen Geschichte.

Ausblick

Allen Leserinnen und Lesern, insbesondere den jungen unter ihnen, wünsche ich die Sensibilität, erste Warnzeichen zu erkennen, Widerspruch einzulegen sowie Ausgrenzung entgegenzutreten: Wenn Rassismus, Radikalismus und Faschismus der Nährboden (und das Wirkungsfeld!) entzogen werden, können wir eine neue Richtung einschlagen, hin zu einer modernen Gesellschaft, welche Unterschiede akzeptiert und Menschen zusammenführt statt trennt.

Heinz Bachmann
Winter 2013

Warum dieses Buch?

Warum ein weiteres Buch über die Judenverfolgungen im Zweiten Weltkrieg? Gibt es hierzu nicht genügend Literatur? Existieren nicht weit wichtigere Probleme in der Gegenwart, müssen wir in der Vergangenheit wühlen? Wurde nicht bereits ausgiebig mit dem moralischen Zeigefinger auf das deutsche Volk gezeigt? Braucht es eine erneute Auseinandersetzung mit diesem Thema?

Diese Fragen sind berechtigt. Dennoch bin ich beim Schreiben des vorliegenden Textes zur Überzeugung gelangt, dass die hier erzählte Geschichte vor allem Jugendlichen (aber auch Erwachsenen) von heute etwas zu sagen hat.

Ursprünglich hatte ich eine andere Absicht: Ich wollte einen Beitrag zu einer Familienchronik verfassen, für meine beiden Söhne, die damals 12 und 14 Jahre alt waren. Im Verlaufe der Recherchen stellte sich heraus, dass sich das Leben der in diesem Buch beschriebenen Personen – speziell Marton Stark und Elise Welti – in verschiedener Hinsicht als Denkanstoß eignet. Insbesondere die kritischen Fragen meiner Kinder zeigten auf, dass einerseits das Wissen um die Geschehnisse des Zweiten Weltkriegs zusehends in Vergessenheit gerät. Andererseits zielten ihre Fragen ganz direkt in die Gegenwart. Begriffe wie »Unrecht« und »Recht« tauchten auf. Es ging um Verantwortung und Solidarität. Um Lüge und Wahrheit.

Um Wegschauen und Mitlaufen. Um Betroffenheit und Gleichgültigkeit. Um Mitgefühl und Selbstsucht. Nicht zuletzt forderte mich die bohrende Frage meiner Söhne heraus: »Und was unternimmst du gegen aktuelle Ungerechtigkeiten in unserer Welt?«

Die Frage nach der eigenen Verantwortung muss sich jeder Mensch immer wieder neu stellen. Genau dazu soll dieses Buch anregen: Wo stehe ich? Was ist mir wichtig? Bin ich bereit, für meine Überzeugung Einschränkungen, Ressentiments, ja persönliche Opfer in Kauf zu nehmen? Rechtfertigt die Sorge um mein materielles Wohlergehen jeden Kompromiss? Wie steht es um Solidarität — wo erfahre ich sie, wo wird sie mir versagt, wo versage ich sie andern?

Die Aufzeichnungen von Marton Stark konfrontieren einen mit Schilderungen und Seiten des Menschen, die ungeheuerlich und manchmal kaum auszuhalten sind. Dieses Buch beabsichtigt keine Abrechnung mit den dunklen Seiten des Menschseins, sondern warnt davor, die eigene Verführbarkeit, die eigene Grausamkeit und Korrumpierbarkeit nicht zu unterschätzen.

In einer Welt, die immer komplexer wird, droht auch den Mächtigen der ethische Kompass abhandenzukommen. Man gibt den Leuten zu verstehen, dass sie nicht kompetent seien, dass lediglich Experten die Lage überblicken könnten. Wenn indes selbst Banken die simpelsten Risikovorkehrungen in den Wind schlagen, um die Weltwirtschaft (und damit uns alle) in eine Krise zu stürzen, kann, nein, muss jeder Einzelne mitreden!

In solchen Zeiten ist es wichtig, sich der eigenen Verantwortung bewusst zu werden, kritische Fragen zu stellen und sich einzumischen (Judt 2011). Die Teilnahme am öffentlichen Leben in unserer Gesellschaft, in der Politik ist ein Recht, das nicht gottgegeben ist, das von unseren Vorfahren erkämpft wurde. Es lohnt sich, sich dies von Zeit zu Zeit vor Augen zu halten. Der Blick in die Vergangenheit hilft, sich zu erinnern, was geschieht, wenn sich die große Mehrheit der Bevölkerung aus dem öffentlichen Diskurs verabschiedet.

Die Geschichte von Marton Stark ereignete sich in einer Zeit, wo eine Weltwirtschaftskrise und die damit verbundene Angst um die eigene Existenz, die eigene Zukunft Menschen zu Opportunismus, Wegschauen und Mitläufertum verleiteten – mit fatalen Folgen. Tappen wir nicht in dieselbe Falle, wenn es um heutige Herausforderungen geht!

Marton

Stark

Fund auf dem Dachboden

2005 fielen mir fünf Schulhefte aus dem Nachlass meiner Großtante Elise Welti in die Hände. Sie war 1964 gestorben. Nach ihrem Tod gelangten die Hefte in den Besitz meiner Mutter. Diese legte den Stapel ungelesen auf den Speicher. Als sie ihr Haus verkaufte und in eine Alterswohnung zog, übergab sie mir die Unterlagen ihrer Patentante, zusammen mit anderen Schulheften. Drei Exemplare stachen heraus: Dort, wo üblicherweise der Name, das Schulfach und die Schulklasse vermerkt sind, prangte in ungelenken Buchstaben: Fräulein E. Welti – Eindenkung – Stark Marton, XI.21, 1945.

Neugierig blätterte ich Seite um Seite um und begann zu lesen: »Mein Leben Vergangenheit!!!! Die Tage senen ferbei!!!! Am J. 11. 1944 war mein vamilie zu sammen. An J. 16.1944 haben di Ungaren mein bruder of Ukraine transportirt abg arbeiter di granaten klauben.« Plötzlich wurde mir bewusst, was ich da lese – das Tagebuch, eher Erinnerungsprotokoll eines Verfolgten. Die Schrift ist schwer zu entziffern, mehr phonetisch denn orthografisch orientiert. Glücklicherweise liegt den Heften eine Transkription in Maschinenschrift bei. Wie ich später rekonstruierte, hatte Elise Welti die Aufzeichnungen auf einer Schreibmaschine abgetippt. Marton Stark war zum damaligen Zeitpunkt 16 Jahre alt und kam nach seiner Befreiung aus dem Konzentrationslager Buchenwald als Kriegsflüchtling in die Schweiz.

Die Notizen stellen kein schriftstellerisches Meisterwerk dar. Zu unbeholfen ist die Syntax, zu einfach der Wortschatz. Bei der ersten Durchsicht erliegt man der Versuchung, den Text lediglich zu überfliegen, einzelne Absätze zu überspringen. Lässt man sich jedoch darauf ein, wirkt das Geschilderte durch seine Unvollkommenheit besonders eindringlich. Das limitierte Ausdrucksvermögen (in Bezug auf die erst später erlernte deutsche Sprache) vertieft den Eindruck des »Holzschnittartigen«, ab und an auch Naiven. Gleichzeitig wirkt das Ganze authentisch. Die Möglichkeit, sich durch Differenzierungen hinter der Sprache zu verstecken, fällt weg. Bedenkt man das Alter des Schreibers wie auch die Traumatisierung durch Entwurzelung, Erniedrigung und Identitätsverlust, erahnt man, welches Leid hinter den Geschehnissen steckt. Die Reduktion des Daseins auf das nackte Überleben widerspiegelt sich denn auch in der Form des Textes: sei es die 1:1-Abbildung des Schreckens oder die nahezu atemlose Aufzählung und Aneinanderreihung der Ereignisse bis hin zum Eindruck eines Zeitraffers. Das Vorgefallene lässt keinen Raum für Philosophisches, Detailbeschreibungen oder Visionen. Die Form ist nüchtern, deskriptiv. Zahlen werden als Zahlen geschrieben, Sorten abgekürzt. Das Denken und Handeln schrumpft zusammen auf die Instinktebene. Gefühle haben kaum Platz. Mit der Zeit erlischt die Kraft für die Suche nach kleinen Schlupflöchern oder Atempausen, Resignation und Verzweiflung nehmen überhand.

Schulheft mit Einträgen
von Marton Stark
(Foto H. Bachmann)

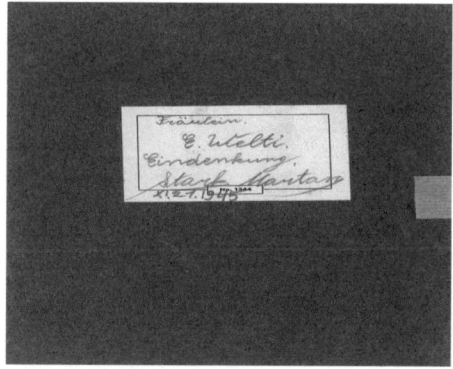

Auszug aus der Transkription
durch Elise Welti

Die Tage sind vorbei![3]

Am 11. Januar 1944 war meine Familie noch beieinander. Dann
am 16. Januar haben die Ungarn meinen Bruder nach der Ukraine transpor-
tiert als Minensucher. Auf der linken Hand hat er ein ca. 10 cm. breites
gelbes Band tragen müssen, das war das Zeichen für die Juden.

Am 20. Januar haben die Ungarn die jüdischen Geschäfte gesperrt d.h.
geschlossen, das hat unsere Familie auch betroffen. Am 28. Januar 44
haben uns die Ungarn unser Land weggenommen, ich musste aber dennoch
zweimal wöchentlich, Montag und Donnerstag auf die Arbeit gehen und
musste, wie mein Bruder, ein gelbes Band an der linken Hand tragen.

Am 6. Februar 1944 haben die Ungarn den Juden die Le-
bensmittelkarte auf die Hälfte reduziert. Am 19. Februar
ist eine schwarze Karte gekommen, mit der Mitteilung,
dass der Bruder an der Front gefallen sei. Am 25. Februar
1944 ist eine gleiche Karte eingetroffen: mein Onkel, der
Bruder meines Vaters, sei gefallen. Zwei Onkel habe ich
noch in der Ukraine, aber ich weiß nichts von ihnen.

Am 19. März wurden in jeder Straße Plakate an die Häuser geklebt, die besagten, dass es den Juden verboten sei,
die Stadt zu verlassen, und dass sie die Fahrräder bei der
Polizei abzuliefern hätten.

Am 21. März 1944 haben die Deutschen Budapest bombardiert. Doch in den Zeitungen stand, dass uns die Russen angegriffen hätten.

Am 23. März sind die ganze Nacht hindurch Flugzeuge und Bomber herumgeflogen. Am 24. März 1944 haben die Deutschen Ungarn besetzt. Zwei Tage lang haben wir unser Haus nicht verlassen.

Am 4. April 1944 sind Plakate angeschlagen worden, dass sämtliche Juden ab dem Alter von 6 Jahren einen gelben Winkel tragen müssen (vorne auf der Kleidung angenäht). Wer dem nicht nachkommt, wird interniert. Bei Kindern bis 14 Jahren ist der Vater verantwortlich. Nur von 10 Uhr vormittags bis 4 Uhr nachmittags ist es erlaubt, auf die Straße zu gehen.

Am 7. April 1944, um 3 Uhr morgens, kamen 2 Soldaten der SS.[4] Sie klopften an die Haustüre und verlangten, dass ihnen sofort geöffnet würde. Mein Vater sprang aus dem Fenster, um sich im Garten zu verstecken. Die SS-Soldaten schossen in die Türe. Meine Mutter ging mit meinem Bruder zur Tür. Der Kleine (9 Jahre) weinte und meine Mutter zitterte, aber sie öffnete die Tür. Ein SS-Soldat trug in seiner Hand eine Taschenlampe und zündete meiner Mutter ins Gesicht. Der andere trug einen Revolver. Sie sagten, sie solle das Licht einschalten. Sie tat dies. Ich lag im Bett und hörte alles. Aber vor Schreck konnte ich mich nicht rühren.

Die SS-Soldaten befahlen meiner Mutter, sie solle den Schrank öffnen. Sie hat ihn geöffnet und in ihrer Angst gesagt: »Bitte schön, was möchten Sie mitnehmen?

Ich gebe Ihnen gerne, was Sie wünschen.« Da sagte der Eine: »Ich will Gold und Geld, weil ich zwei Kinder habe.« Meine Mutter überreichte ihnen ihren goldenen Fingerring und ihre Armbanduhr, dazu 3000 Pengö[5], welche sie im Schrank liegen hatte. Dann nahmen die SS-Männer noch die ganze Wäsche-Ausstattung an sich, trugen sie nach draußen und sagten, als sie fertig waren: »Auf Wiedersehen!« Die nächste Nacht sind wir woanders hingegangen. Meine Mutter hat so gezittert, dass sie zwei Tage lang nicht schlafen konnte. Der Vater nächtigte im Garten. Er fürchtete sich, auf die Straße zu gehen. Tat man etwas Verbotenes, wurde man durch Erschießen bestraft.

Am 8. April 1944 wollte mein Vater den Vorfall der Polizei melden. Doch meine Mutter wehrte sich, sie fürchtete sich zu sehr. Sie beteuerte, lieber wolle sie auch noch die Schuhe hergeben, als etwas mit der Polizei zu tun zu haben.

Am 9. April 1944 hat die SS unser Geschäft, eine Glaserei, beschlagnahmt und die Waren an andere Händler verkauft. Meinem Vater wurde nicht erlaubt, dabei zu sein. Dabei hat er doch das Geschäft aufgebaut und darin über 20 Jahre gearbeitet! Am Nachmittag kamen zwei Polizisten und zwei Herren vom Wehrmachtsbüro. Sie zwangen meinen Vater, den »Verzichtschein« zu unterschreiben (dass er alles freiwillig hergibt).

Am 11. April 1944, nachmittags um 4 Uhr, klopfte es an die Türe. Eine Männerstimme rief, man solle sofort öffnen. Mutter fragte, wer draußen sei. Die Antwort war: »Heimwehr-Polizei[6].« Meine Mutter öffnete, und die Männer stürmten herein. Sie sagten, dass diejenigen Hausbewohner, welche über 16 Jahre alt seien, zur Arbeit gehen müssten – und zwar sofort. Man[7] sammelte die Juden der ganzen Stadt ein, trieb sie auf einen Platz und hielt sie dort einen ganzen Tag fest, es waren ihrer 2600.

12. April 1944: Ich besaß inzwischen falsche Papiere. Nachts um 11 Uhr bin ich mit drei Kameraden und einem Polizisten nach Budapest gefahren. Zweimal gerieten wir in eine Kontrolle, aber unsere Schriften »haben gestimmt«!

Am 13. April, morgens um 5 Uhr, sind wir in Budapest angekommen. Jeder stieg an seinem Bestimmungsort aus. Um 8 Uhr öffneten die Geschäfte. Ich bin in ein bestimmtes gegangen, dort hat man mich gleich empfangen (es war so ausgemacht worden, vorher). Um 10 Uhr ging ich mit dem Inhaber zur Polizei, um mich als Arbeiter anzumelden. Der Polizist hat mich angeschaut und unterschrieben. Nachher gingen wir ins Büro, und ich wurde engagiert, das heißt als Lehrling aufgenommen. Es gab Mittagessen, und am Nachmittag bin ich zur Arbeit gegangen. Dort waren inzwischen meine nachgesandten Sachen eingetroffen.

Am 15. April übergab mir der Chef ein Telegramm. Es stammte von einem Bekannten aus meiner Stadt: »Meine Arbeit ist schwer!« Da habe ich gewusst, dass alles in Ordnung ist. Ich antwortete gleich: »Meine Arbeit ist schwer!«

Am 17. April sagte mir der Chef, dass meine Familie im Ghetto sei und ich ihnen Pakete schicken solle. Ich habe sogleich ein Paket aufgegeben (im Namen des Chefs).

Am 23. April und am 29. April nochmals je ein Paket von 5 kg. Mehr auf einmal zu schicken war nicht erlaubt.

Am 1. Mai 1944 erhielt der Chef ein Telegramm von meinem Vater, ich solle sofort in das Ghetto kommen.

Am 3. Mai würden alle zur Arbeit wegfahren. Um 12 Uhr kam wieder ein Telegramm, mit genau dem gleichen Text, dieses war jedoch in meiner Heimatstadt Halmi aufgegeben worden.

Während der Zeit in Budapest konnte ich nie schlafen. Einmal sind wir in eine Kontrolle geraten, aber meine Schriften »haben gestimmt«!

Morgens um 5 Uhr bin ich in einem Taxi ins Ghetto gefahren. Um 8 Uhr kam ich dort an, ich habe den Chauffeur bezahlt, er ist gleich zurückgefahren. Ich habe mich im Ghetto angemeldet, und man hat mich eingelassen. Mein Vater wartete bei der Tür, er hatte meine Ankunft angekündigt. Dann zeigte er mir das Ghetto: Wie man hier schläft, 15 bis 20 Mann in einem Raum (wir schliefen mit 16 Menschen zusammen in einem Zimmer). Es wurde mir schwarz vor den Augen, wie ich dies alles sah.

Meine Mutter erzählte, sie habe die ganze Nacht nicht schlafen können. Sie habe immer daran denken müssen, dass man mich erwischt hätte und ich dann in Lebensgefahr schweben würde. Sie wollte mir nicht erzählen, was inzwischen vorgefallen war. Aber die anderen haben mir gesagt, dass mein Vater viele Schläge bekommen hätte, da er nicht sagen wollte, wo er mich versteckt hatte. Er hatte behauptet, er wisse nicht, wo ich sei, denn ich wäre schon 3 Wochen von zu Hause fort.

Am 3. Mai 1944 musste ein Teil aus dem Ghetto weiterreisen. Die Polizei kam mit Hunden. Detektive jagten die Leute aus den Räumen. Es war erlaubt, 1 Hose und 2 Hemden mitzunehmen, dazu Esswaren für 3 Tage. Die Polizei sagte, dass wir das übrige Gepäck auf dem Bahnhof zurückerhalten würden. Man solle nur gut auf die Kinder achten, da alle zur Arbeit gehen müssten. Aber die Familien blieben zusammen.

Kaum hatte man das Ghetto verlassen, tauchte bereits die Gepäck-Kontrolle auf. Man zog alles ein und warf es weg – außer Hemd und Anzug. Den Müttern mit Kleinkindern wurden selbst die Kinderwagen abgenommen. Sie mussten ihre Kinder in den Schürzen nachtragen. Unterdessen war es 1 Uhr mittags, und ein jeder packte sein Bündel auf den Rücken.

Die Polizei befahl: »Zu 5 in einer Reihe.« Der Marsch begann. Soldaten mit großen Hunden begleiteten uns. Die Hunde bellten und knurrten. Als ich einmal nach hinten blickte, sah ich, wie alte Männer und alte Frauen zurückfielen. Sie waren nicht kräftig genug, um uns zu folgen. Auch Kinder blieben zurück und schrien nach ihren Eltern. Die Hunde bellten sie an und jagten ihnen noch mehr Angst ein. Die Mütter hielten die Kinder im Arm und an der Hand. Sie riefen nach hinten: »Wo bleibt ihr, Kinder?« (Sie konnten dem Zuge nicht mehr folgen und fielen zurück).

Die Pakete mit den Kleidungsstücken warf man weg, weil es zu schwer wurde, alles zu tragen. Junge schwangere Frauen konnten nicht mehr gehen vor Müdigkeit. Die Soldaten hetzten die Hunde auf sie. Die Frauen weinten und schrien. Alles half nichts, man trieb sie vorwärts. Drei Leute wurden erschossen, weil sie widersprochen hatten. Bis zum Bahnhof waren es 7 Kilometer, gegen 4 Uhr kamen wir an. Daraufhin trieb man uns in Güterwagen: 70 Menschen. Männer, Frauen und Kinder in einem Wagen. Die Wagen sperrte man gleich zu. Die Fenster waren vernagelt und die Luke mit Stacheldraht versehen. In jedem Wagen standen 2 Kannen Wasser und 30 Kilo Brot bereit.

Morgens um 7 Uhr fuhren wir endlich los! Es war eine traurige Fahrt. Am zweiten Tag ging das Wasser aus. Einige hatten ihren Anteil Brot längst aufgegessen. Der Hunger, die Traurigkeit und der Blick in die nahe Zukunft brachten die Menschen zum Verzweifeln.

Es war ein trostloses Bahnfahren. Am vierten Tage lagen die ersten 2 Toten im Wagen. Und man fuhr weiter. Bei jeder Station schrie man: »Wasser, Wasser und Essen!« Die Luft im Innern war heiß und stickig. Man rief: »Lieber soll man uns erschießen als dürsten lassen!« Aber die Wagen fuhren weiter, und kein Wasser kam. Wir fuhren den fünften Tag, ohne frisches Wasser. 4 Tote lagen im Wagen. Und man schrie wieder: »Lieber wollen wir erschossen werden als sterben vor Hunger und Durst!« Man fuhr den sechsten Tag und sah noch kein Ende. Ein jeder stellte sich die Frage, was aus uns werden würde. Ich fragte meinen Vater nach der Zeit. Er wusste es nicht, er besaß keine Uhr mehr. Schlafen konnte fast niemand. Immer noch hatten wir kein Wasser, und es war heiß im Wagen.

Nachmittags, so zwischen 3 Uhr und 4 Uhr, hielt der Zug. Man öffnete die Wagen, und wir sahen die Baracken. Mein Vater sagte: »Diese Baracken sind für uns bestimmt.« Alle freuten sich, dass sie endlich aussteigen konnten. Die Männer der SS waren bereits zur Stelle und riefen: »Bitte aussteigen, in zwei Reihen, Männer und Frauen getrennt. Ihr kommt nachher wieder zusammen!« Man stieg aus, meine Mutter küsste mich. Ich umarmte sie und meinen 9-jährigen Bruder. Er begann zu weinen. Wir verabschiedeten uns. Er ging mit meiner Mutter mit. Ich stellte mich mit meinem Vater und meinem 17-jährigen Bruder zusammen in die gleiche Reihe. Man begann zu marschieren, die Männer zuerst. Während des Gehens sagte mein Vater: »Bleibt mit mir zusammen, ich will sehen, wie man abteilt.«

Ich spähte nach vorn und erblickte einen SS-Soldaten mit einem Gummiknüppel. Er sagte: »Einer rechts, einer links!« Und wie er zu meinem Vater kam, trennte er mich von ihm und meinem Bruder. Dies geschah derart rasch, ich konnte nicht einmal mehr »Adieu« sagen. Mein Vater und mein Bruder gingen nach links, ich musste nach rechts gehen.

Dann trieb man uns weiter, mit SS-Begleitung. Sie sagten uns, dass keiner den Draht berühren solle, denn er sei lebensgefährlich. Es war elektrisch geladener Stacheldraht. Der ganze Transport umfasste 350 Mann. Wir erreichten das »Badehaus«. Ein SS-Offizier trat heraus und sagte: »Hier ist ein Konzentrationslager! Wer in den Kleidern oder in den Schuhen Wertsachen eingenäht hat, soll sie herausnehmen. Alles wird durchleuchtet. Derjenige, bei dem etwas gefunden wird … «, er zeigte den Revolver. Ich hatte in den Schuhen ein Messer versteckt, aber ich holte es nicht hervor, weil ich dachte: »Letztlich bleibt dir so oder so nichts.« Der SS-Offizier gab den Befehl, uns zu entkleiden. Wir mussten uns ausziehen. Anschließend kam ein Coiffeur und schnitt uns die Haare ab. Nachher ging es ins »Badehaus«. Aber es war kein Wasser da. Wir mussten ohne Kleider bis am Morgen auf Wasser warten! Dann konnten wir uns endlich waschen.

Anschließend befahl uns ein SS-Soldat, in Reih und Glied anzutreten. Die anderen Häftlinge reichten uns Kleider: einer eine Hose, der Zweite eine Jacke, der Dritte ein Hemd und eine Mütze. Das waren unsere Kleider –

weiß und blau gestreift, ein Paar Holzschuhe und darin ein Paar papierene Socken. In diesen Kleidern sahen wir aus wie Verbrecher!

Um 11 Uhr begannen wir zu marschieren. Es gab jedoch gleich Fliegeralarm, und wir mussten uns auf die Erde legen. Nach zirka 1.5 Stunden konnten wir endlich weitergehen. Nachts kamen wir zu den Baracken. Kein Essen weit und breit. Wir hatten seit zwei Tagen nichts mehr gegessen! Vor den Baracken saßen wir auf dem Boden, eine gute Stunde. Dann jagte man uns in eine Baracke.

Um 3 Uhr nachmittags rief man uns wieder hinaus: »Zu 5 in einer Reihe.« Wir standen nicht gut, wurden geschlagen. Mussten uns immer wieder aufstellen, bis es gut war. Dann begann man auszuteilen. Zehn Mann bekamen eine Schüssel, aber keinen Löffel. Alle mussten aus der Schüssel trinken. Es war Kohlrabensuppe. Ich hatte trotz des Hungers einen solchen Ekel, dass ich mich nicht überwinden konnte, die Lippen anzusetzen. Das Essen war noch nicht vorbei, schrie ein SS-Soldat: »Appell, zu 5 in einer Reihe!« Es begann zu regnen, und der Appell dauerte (draußen, bei dem kalten Wetter) volle 2 Stunden. Zudem mussten wir in »Achtungshaltung« stehen, ansonsten wurde man mit Gummiknüppeln geschlagen.

Nach dem Appell jagte man uns in die Baracke, um 8 Uhr wieder hinaus, zum Kaffeetrinken: »Zu 5 in Reihen antreten, aber schnell!« – »Es muss noch schneller gehen!« Wir bekamen Kaffee für 10 Mann. Wieder in einer Schüssel. Diesmal trank ich als Erster daraus. 4 Deziliter in zwei

Tagen! Dann jagte man uns wieder in die Baracken, wie Hunde. Dies war die siebente Nacht. Ich schlief durch. Morgens um 4 Uhr war Tagwache, Appell bis 6 Uhr, dann erhielten wir Kaffee und 200 g Brot (schwarz, von Kohlraben), dazu 20 g Margarine. Wir hatten kaum gegessen, hieß es bereits wieder: »Zu 5 in einer Reihe!« Dann kamen 2 Soldaten der SS und suchten die Jungen unter 17 heraus. Ich sagte: »17 Jahre und 5 Monate.« (Das war nicht wahr, ich zählte erst 15 Jahre). Der SS-Soldat sagte zu mir, ich solle auf die andere Seite gehen. Ich ging dorthin und traf mit 30 ausgesuchten Jungen zusammen. Wir kamen in eine andere Baracke, da waren bereits 300 drin.

Ich dachte mir: »Jetzt hast du keinen Kameraden mehr, was wird nur aus dir werden?« Es war mir alles gleichgültig. Man sperrte uns in diese Baracke ein. Als Blockerster amtete ein Zigeuner. Der sagte zu uns: »Für euch hat es Krematorien hier, schaut nur durch die Fenster!« Wir guckten neugierig durch die Fenster. Ein Wachposten schoss in die Luft und sagte, wir sollen nicht spähen. Und dass wir alle in die Krematorien kämen ... Da fingen wir an zu schreien und wollten die Baracke aufbrechen. Aber es ging nicht, mit bloßen Händen. Wir berieten, ob wir in die andere Baracke laufen sollten. Den Abend abwarten und dann durch die Fenster fliehen.

Die Suppe wurde hereingebracht, dabei entwischten 56 Jungs, einige wurden auf der Flucht getötet. Alle waren hungrig. Es hatte zu wenig Suppenschüsseln – und hopp – 60 Liter Suppe waren ausgeschüttet. Ein Mann der SS erschien und schlug auf uns ein. Ich erhielt zwei Schläge auf den Rücken, es tat sehr weh. Er sagte, dass wir nun nichts mehr zu fressen kriegen würden, da wir morgen ohnehin ins Krematorium kämen. Nun begannen wieder alle zu weinen und zu schreien; aber die SS-Soldaten achteten nicht auf uns. Wir setzten uns auf die Erde nieder und weinten.

Am Abend gab es wirklich keinen Kaffee. Es war dunkel, und wir versuchten die Türen und Fenster aufzubrechen. Einige Jungs sprangen vom Dach, doch man erschoss sie gleich. 30 SS-Soldaten waren abkommandiert für unsere Bewachung. Zwei Soldaten der SS kamen herein und sagten, dass wir in ein anderes Lager gebracht würden. Morgen früh würden wir Kaffee bekommen: »Aber wenn ihr nicht sofort ruhig seid, werdet ihr alle gleich getötet!«

Der Tag brach an. Von den 30 SS-Soldaten sah man keinen mehr. Wir stemmten die Tür auf und stürzten hinaus. Wachmänner schossen auf uns. Ein Teil der Jungs lief absichtlich in den elektrischen Draht, um ihrem Leben ein Ende zu setzen! Ich sprang in eine andere Baracke hinüber, kroch unter den Boden und hielt mich dort 2 Tage lang versteckt. In dieser Baracke befanden sich 500 Mann, welche in ein anderes Lager kommen sollten. Der Blockerste hatte mich bemerkt. Er rief mich und noch zwei andere zu sich. Er sagte uns, wir sollten zwischen die anderen stehen und nach dem Appell wieder zurück unter die Baracken kriechen. Um 11 Uhr rief er uns hinaus und ließ uns auf den linken Arm eine Nummer brennen, jedem eine andere – ich bekam die Nummer 13031. Zur Mittagszeit erhielten wir unser Essen. Der Blockerste eröffnete uns, dass wir großes Glück gehabt hätten, denn am Nachmittag kämen alle in ein anderes Lager.

Um 4 Uhr marschierten wir los, mit den übrigen 500 Mann, in SS-Begleitung. Das andere Lager war sieben Kilometer weit entfernt. Wir erreichten es um 6 Uhr abends. Der Name lautete »Auschwitz«. Da bekamen wir Kaffee, nachher mussten wir uns zum Schlafen auf die Erde legen. Wir schliefen ausgezeichnet, nach den Strapazen der letzten Tage. Das Morgenessen bestand aus 200 g Brot, 20 g Margarine und Kaffee. Mittags gab es Suppe aus Kohlraben und Rüben, zum Abendessen erneut Kaffee. Anschließend mussten wir wieder auf der Erde schlafen. So gingen die 12 Tage Quarantäne vorbei.

All die Tage dachte ich daran, wie gut ich doch in Budapest aufgehoben gewesen wäre. Nicht einmal mit meiner Familie konnte ich hier zusammen sein! Ich überlegte mir, ob ich nicht doch in den elektrischen Zaun laufen sollte. Man erzählte sich hier, dass diejenigen, welche auf die andere Seite gehen mussten – auch meine Eltern und Brüder –, ins Krematorium gewandert seien. Aber dann dachte ich mir: »Wie schön war das freie Leben, und das freie Leben muss noch einmal kommen! Der Krieg geht zu Ende. Ich bin noch jung und will den Deutschen alles zurückbezahlen, doppelt zurückbezahlen.«

Morgens um 6 Uhr war Tagwache. Nach dem Appell bekamen wir Brot und Kaffee. Um 7 Uhr erschienen 2 Kapo.[8] Sie sagten uns, dass wir nun zur Arbeit gehen würden: Kabel in die Erde verlegen. Wir marschierten alle Tage in 5er-Kolonne zur Arbeit. Beim Lagerausgang stand in großen Buchstaben: »Arbeit macht frei.« Ich dachte mir: »Ja, das ist wahr«, und wir schritten durch das Tor. Dort standen die SS-Soldaten und begleiteten uns zur Arbeit. Mir klopfte das Herz, wenn ich sie ansah! Aber wir gingen zur Arbeit, 2 Kilometer weit, mit SS-Begleitung auf jeder Seite.

Um 8 Uhr begannen wir mit der Arbeit. Wir mussten die Kabel 80 Zentimeter tief in die Erde legen. Nach einiger Zeit kam ein Kapo zu mir und noch einem Jungen. Er übertrug uns die Aufgabe, die Schaufeln zu reparieren. Hierzu gab er uns Hämmer und Nägel. Er teilte uns einer Bude zu und schärfte uns ein, dass wir – wenn die SS käme – hart arbeiten sollen. Und so hielten wir es. Wenn die SS in der Nähe war, hämmerten wir fleißig und klopften die Schaufeln zurecht. Wir erhielten unser Mittagessen und hatten eine Stunde Pause. Nachher wartete wieder die gleiche Arbeit. Am Nachmittag kam ein Mann der SS und fragte uns, wie es gehe mit der Arbeit. Ob wir auch zu Hause gearbeitet hätten usw. Wir sagten: »Ja.« Um 6 Uhr abends brachten alle Häftlinge ihre Schaufeln herbei, und es wurde zusammengepackt. Die SS befahl: »Zu 5 in einer Reihe ins Lager marschieren!« Dort läutete man alsbald zum Appell. Wieder 5 in eine Reihe, dies dauerte eine ganze Stunde. Dann bekamen wir Kaffee.

In der Baracke lag nur Stroh. Aber während unserer Abwesenheit waren noch 500 hinzugestoßen, sodass wir nun 1000 waren und zusammengepfercht schlafen mussten. So vergingen 4 lange Wochen. Unsere Arbeit ging zu Ende!

Ich fühlte mich nicht wohl und musste einen Tag im Lager bleiben. Da sagte mir ein Mann, wenn ich krank sei, solle ich nicht zur Arztvisite, weil jede Woche eine »Kontrolle« stattfinde. Dann würden die »Muselmänner«[9] (das waren diejenigen Leute, welche besonders krank und mager aussahen) aussortiert und kämen ins Krematorium. Er zeigte mir den Platz, von wo aus man das Feuer gut sehen konnte. Da war ein Geruch von den Menschen, welche täglich verbrannt wurden!

Jeden Tag liefen Menschen zum Draht. Er war 3 Meter hoch und elektrisch geladen, sodass ein jeder, der hineinlief, sofort tot war. Doch selbst der Draht war von der SS bewacht. Es schien unmöglich, dem Lager zu entrinnen.

Am nächsten Morgen wurden 150 Mann einem Wasserversorgungs-Detachement[10] zugeteilt. Nach dem Frühstück gingen wir 1 Kilometer weit zur Arbeit, mit SS-Begleitung. Dort teilte man uns ein: »10 Mann an eine Stelle.« Die Arbeit bestand darin, Zementröhren 2 m tief in die Erde zu legen.

Da nahm ich allen Mut zusammen und ging zum Kapo. Ich sage ihm: »Herr Kapo, die Arbeit ist mir zu schwer. Ich bin nur 15 Jahre alt, bitte geben Sie mir leichtere Arbeit!« Er antwortete: »Ja mein Junge, du wirst bei mir in meiner Bude[11] sein.« Ich ging mit ihm mit. Er sagte

zu mir: »Du musst achtgeben, dass die SS nicht hierher-
kommt. Hier sind noch Kartoffeln und die wollen wir uns
zubereiten. Wir werden zusammen essen.« Ich freute mich
sehr, schälte und kochte gleich die Kartoffeln. Dann sage
ich ihm, dass das Essen bereit sei. Er kam herein, und wir
aßen zusammen. Es gefiel mir sehr gut. So ging es 3 Wochen hindurch.

Ich hatte mich jedoch erkältet, mich plagte hohes
Fieber. Eines Tages sagte ich: »Herr Kapo, ich fühle mich
nicht wohl.« Er versprach, dass ich im Lager Medizin erhalten würde. Er würde alles für mich besorgen. Um 7
Uhr kehrten wir ins Lager zurück, und der Kapo gab mir
2 Pillen. Anschließend trank ich Kaffee und durfte mich
bis zum Morgen hinlegen. In der Früh fragte mich der
Kapo, ob ich mich wohler fühle. Ich sagte: »Ja.« Vier Monate war ich in diesem Lager, bis auch diese Arbeit zu
Ende war.

Ich blieb drei Tage in einer Baracke. Dann wurde die
SS-Kaserne bombardiert. Es gab 200 Tote unter den SS-
Leuten und 90 unter den Häftlingen. Die Gefangenen
hatten dort gearbeitet. Am Abend fragte man beim Appell, wer in der Glaserei mithelfen wolle. Da meldete ich
mich. Am Morgen nach dem Appell hatten wir als Glaser
anzutreten. 60 Mann gingen zur Arbeit. Wir mussten bei
der Kaserne die Fenster reparieren. Von der SS erhielten
wir Brot und Zigaretten. Sie betonten, wir hätten gut gearbeitet. Drei Wochen hatten wir so zu tun – und ich mir
in dieser Zeit 15 Zigaretten zusammengespart.

Es war Sonntag, wir durften in der Baracke bleiben und bekamen zum zweiten Mal neue Wäsche! Am Nachmittag ging ich mit einem jungen Kameraden, welcher auch Zigaretten gesammelt hatte, zum Kapo der Schuhmacherei. Im Stammlager wurden von 350 Mann die Schuhe für sämtliche Lager repariert, welche zu Auschwitz gehörten. Wir sagten ihm, wir hätten 90 Zigaretten. Er könne sie haben, wenn er uns in die Schuhmacherei nähme. Er fragte, ob wir Schuhmacher seien. Ich sagte: »Mein Vater war Schuhmacher, und ich arbeitete ein Jahr mit ihm zusammen.« (Das war eine dicke Lüge!) Er notierte unsere Nummern und sagte, wir sollten uns morgen, beim Appell, unter den anderen (seiner Gruppe) einreihen. So gelang es uns, bei der Schuhmacherei eingeteilt zu werden. Ich hatte die Werkstatt sauber zu halten und die Holzschuhe aus dem Keller zu holen. Zusätzlich gab es alle 2 Wochen 500 g Brot Mehrzuteilung. So gingen 6 Wochen vorbei.

Wir hörten bereits die Geschosse. Die Front musste ziemlich nahe sein. Morgens war wieder Appell. Nachher jagte man uns in die Baracken zurück. Alle Häftlinge erschraken sehr. Man riegelte die Baracken ab. Drei SS-Soldaten kamen herein und befahlen: »Alles ausziehen!« Wir zogen uns aus. Aus dieser nackten Gruppe wurden die magersten und ältesten herausgenommen und ihre Nummer notiert. Ich sog mich voll Luft und wurde – Gott sei Dank – nicht aufgeschrieben. Am Abend beim Appell rief man alle »Muselmänner« auf und sagte: »Heraus!« 400 bis 500 SS-Männer kamen auf den Platz. Die Wachen trugen

Gewehre bei sich. Zwischen 2000 und 3000 Häftlinge wurden ausgewählt. Sie mussten sich in 5er-Kolonne aufstellen und abmarschieren, mit SS-Begleitung! Wir anderen konnten in die Baracken zurückkehren.

Morgens war wieder Appell. Von unserer Gruppe fehlten 60 Mann. Wir gingen weiter zur Arbeit. Dann trieb man uns eines Abends aus den Baracken und schoss in die Luft, um uns Furcht einzujagen. Ich lief in eine andere Baracke, aber man trieb auch dort die Leute hinaus. So lief ich bis zur fünften Baracke. Diese war verschlossen. Ich erschrak fürchterlich. Was würde aus uns werden? Die Front rückte immer näher. Die Hälfte der Häftlinge war bereits weg. Es herrschte Lagersperre bis 11 Uhr vormittags. Wir liefen von einer Baracke zur anderen und entdeckten, dass sich die Magazine öffnen ließen. Wir verteilten Brot, Konserven und andere Lebensmittel. So viel wir brauchten, auch Kleider: Die SS war verschwunden!

Dann, nachmittags um 5 Uhr, kehrten die SS-Soldaten zurück. Sie jagten alle aus den Baracken und schrien: »Zu 5 in einer Reihe! Appell!« Nachher mussten wir marschieren, mit SS-Begleitung. Sie hatten Gewehre, Handgranaten und Hunde bei sich. Die Front war nahe, wir hörten die Geschosse. Mein Herz pochte laut! Wie lange würden wir so gehen müssen? Es war Januar 1945. Die Nacht brach herein, und es wurde derart dunkel, dass wir den Weg nicht mehr sahen. Es herrschte tiefster Winter, Kälte und Hunger setzten uns zu. Die Aufseher blieben unerbittlich: Wer nicht mithalten konnte, wurde gleich erschossen. Ich sah, wie die Leute auf die Erde fielen. Endlich wurde es Tag, wir stapften durch die Felder. Mir fielen die Augen zu vor Müdigkeit. Einmal kam es mir vor, als sähe ich Häuser. Die Morgendämmerung setzte ein, und die Sonne schien, als wir in einem Dorf eintrafen. Die Bewohner brachten uns warme Milch in Flaschen. Ich trank auch davon. Es war in Polen, die Leute sprachen Polnisch. Doch die SS scheuchte sie weg.

Am Nachmittag hielten wir auf einem freien Feld. Ich schlief wohl zwei Stunden auf der nackten Erde. Wir gingen weiter, in die Nacht hinein. Wir marschierten wie im Traum, bis es Tag wurde. Dann verkündeten die SS-Soldaten: »Bald werden wir ankommen!« Wir erreichten wirklich einen Bahnhof. Dort konnten wir uns auf den Boden setzen und ausruhen. Ich nickte ein, trotz Kälte und Hunger. Zirka um 9 Uhr oder 10 Uhr hieß man uns aufstehen und in einen offenen Eisenbahnwagen steigen: 70 bis 80 Mann in den gleichen Wagen. Am Nachmittag setzte sich der Zug in Bewegung. Sitzen war unmöglich, dafür gab es keinen Platz. Als es dunkel wurde, vereinbarten wir, dass sich eine Hälfte niedersetze (für einige Zeit) und später die andere. Der Tag brach an, und wir waren noch immer unterwegs.

Gegen den Nachmittag hin konnten wir aussteigen. Anschließend mussten wir in ein Lager marschieren, ungefähr 3 bis 4 Kilometer weit: Groß-Rosen. Hier wuschen wir uns bis zur Hälfte mit kaltem Wasser. Nachts um 22 Uhr bekamen wir eine warme Suppe. Zum Frühstück 4

Schreibstubenkarte
und Krankenkarte von
Marton Stark im KZ
Groß-Rosen (Archiv ITS)

dl Suppe und zum Mittagessen ¾ Liter Rübensuppe, am Abend 500 g Brot und 20 g Margarine. Täglich stießen neue Häftlinge hinzu: hungrig, schmutzig und verlaust. Es gab zu viele Leute, in einer Baracke waren nun 1200 Mann zusammengepfercht. Man musste aufeinanderliegen – unmöglich zu schlafen. So ging es 10 Tage.

Eines Morgens verkündete ein SS-Mann, dass alle Fachmänner vortreten sollen. Da meldeten sich 350 Leute. Der Lagerälteste begleitete uns bis zur Tür. Dort erhielt jeder 500 g Brot, 30 g Margarine und 30 g Wurst. Dann nahm uns die SS in Empfang, und der Marsch begann. Wir gingen und gingen, es wurde dunkel. Endlich, gegen 22 Uhr oder 23 Uhr, erreichten wir ein Lager: Bolkenhain.[12] Hier wurde uns eine Baracke zugewiesen. Wir mussten zu 10 in einer Reihe gehen. Wir erschraken: Warum 10 Mann? Wir erreichten eine Baracke, bei welcher das Wasser aus der Wasserleitung quoll. Wir zogen uns aus und wuschen uns mit dem kalten Wasser. Dann bekamen wir andere Häftlingskleider, denn wir waren völlig verlaust. Die nächste Baracke enthielt wenigstens Stroh. 2 Mann teilten sich eine Decke. Morgens um 7 Uhr war Appell, 600 Mann zusammen. Zum Frühstück gab es 225 g Brot und schwarzen Kaffee, zum Mittagessen 1 Liter Suppe und zum Abendessen 2 Schnitten Brot mit Margarine. Die Leute hier hatten in einer Chemiefabrik gearbeitet. Aber für uns gab es keine Arbeit mehr.

So gingen 11 Tage vorbei. Dann, an einem Nachmittag, kamen SS-Männer und befahlen: »Zu 5 in einer

Reihe!« Wir stürmten aus der Baracke, fassten eine Decke und einen Mantel – blau und weiß. Dann begannen wir zu marschieren, mit SS-Begleitung. Wir gingen, es schneite, wir zogen die Decke über die Köpfe. Die Dunkelheit setzte ein, wir marschierten weiter bis gegen 21 Uhr oder 22 Uhr. Dann jagte man uns in eine Scheune, dort übernachteten wir.

Morgens gegen 9 Uhr mussten wir antreten, zu 5 in eine Reihe. Man zählte uns – es fehlten 2 Mann. Sie waren geflohen. Daraufhin erschoss die SS 8 Mann. Wir mussten weitermarschieren. Ohne Essen, bei klirrender Kälte und Schneefall. Wer aus Schwäche nicht mithalten konnte, wurde sofort exekutiert, mitten auf der Straße. Und mir pochte das Herz!

Nachmittags erhielten 4 Mann zusammen 1 kg Brot und 50 g Wurst. Es gab eine Stunde Pause. Wir breiteten die Decke auf dem Schnee aus, um uns darauf auszuruhen. Weiter ging es, trotz Eis und Schnee. Es begann Nacht zu werden. Ich war bereits wieder hungrig, aber es ging weiter und immer weiter bis in die Dunkelheit. Wir kamen zirka um 23 Uhr zu einem Stall, wo wir übernachteten.

Morgens, zirka um 8 Uhr, mussten wir los. Es gab Appell: 6 Mann fehlten. Sie lagen tot im Stall. Wir andern bekamen 4 Mann zusammen wieder 1 kg Brot und 50 g Margarine. Wir marschierten, 5 in einer Reihe, weiter und immer weiter in den hohen Schnee. Die Hälfte meines Brotes hatte ich gegessen, den Rest in die Tasche gesteckt. Mittag war vorbei, und wir stapften ohne Halt weiter. Ich verspürte großen Hunger, so aß ich das zurückbehaltene Brot. Wir gingen immer weiter, Dunkelheit zog auf. Gegen 23 Uhr trafen wir in einem Lager ein: Hirschberg.[13] Hier konnten 4 Mann in einer Boxe schlafen. Aber wir wurden derart zusammengepfercht, dass wir nicht schlafen konnten, die ganze Nacht hindurch.

Am Morgen gab es Appell. Um 7 Uhr und um 8 Uhr erhielten wir schwarzen Kaffee. Zum Mittagessen gab es 1 Liter Suppe von Kartoffeln und Rüben, zum Nachtessen 150 g Brot und einen Löffel Marmelade. Während drei Tagen wurde morgens eine Läuse-Kontrolle durchgeführt. Alle mussten die Hemden ausziehen und der Lagerälteste suchte nach Läusebefall. Fand er jemanden mit Läusen, schlug er ihn. Bei mir entdeckte er auch welche, dafür verpasste er mir zwei Ohrfeigen. 6 Mann mussten in einem Fass baden, nachher waren sie tot. Am Nachmittag mussten 10 Mann die Toten auf einem Wagen in ein Krematorium wegführen. Sie berichteten, es sei 6 Kilometer weit weg und es würde dort in vielen Öfen brennen. So gingen zwei Wochen vorbei.

Wieder mussten wir um 6 Uhr aufstehen und zu 5 in einer Reihe antreten. Wir erhielten 1 kg Brot und 150 g Margarine. Dann begann der Marsch. Wir gingen mit SS-Begleitung. Es war kalt, wir waren schmutzig und bereits wieder verlaust. Aber wir gingen den ganzen Tag, ohne einmal auszuruhen. Wir waren ungefähr 1'300 Mann, die gegen 23 Uhr in einer Sägerei ankamen. Wir übernachteten dort, deckten uns mit Sägemehl zu.

Meldung zu vorgefundenen
Läusen bei Inhaftierten
in einem KZ (ITS-Archiv)

Frühmorgens um 7 Uhr war Tagwache. Zu 5 in einer Reihe marschierten wir weiter. Kälte und Schnee. Ich hatte noch Reste von meinem Brot in der Tasche, ich aß ein wenig. Zur Mittagszeit konnten wir eine Stunde ausruhen, dann ging es weiter. Es wurde dunkel, gegen 20 Uhr hieß es: »Halt!« Wir wurden in zwei Gruppen aufgeteilt. Ich nächtigte in einem Stall. Es tat gut zu schlafen. Es hatte Stroh, damit konnten wir uns zudecken.

Morgens mussten wir um 8 Uhr aufstehen. Zu 5 in einer Reihe marschierten wir weiter. Die Männer wurden immer schwächer und konnten nicht mehr Schritt halten. So wurden täglich 10 bis 20 Mann erschossen. Die Leute hatten kein Brot mehr von ihrer Zuteilung. Wer noch ein wenig übrig hatte, musste darauf achten, dass es ihm nicht gestohlen wurde. Ich besaß auch noch ein Stückchen Brot, ich behielt es im Auge, denn ich hatte es aufgespart: für heute, für meinen Mund.

Wir marschierten den ganzen Tag, ohne auszuruhen, bis es finster wurde. Ich hatte mein Brot aufgegessen, und wir mussten immer weitermarschieren. Schließlich kam es mir vor, als sähe ich in der Ferne im Schnee etwas Dunkles. Es waren Häuser, und gegen Mitternacht erreichten wir ein Lager: Birkenhain. Hier übernachteten wir. Morgens um 7 Uhr rief man zum Appell. Es war sehr kalt, und wir mussten eine ganze Stunde in »Achtungshaltung« auf dem Schnee stehen. Dann gab es Kaffee, mittags 1 Liter Suppe und abends 100 g Brot mit schwarzem Kaffee. Wir blieben den ganzen Tag dort.

Anderntags war wieder Appell, gefolgt von 1 schwarzen Kaffee und 500 g Brot. Dann marschieren, zu 5 in einer Reihe. Wir gelangten an einen Fluss. Zwei stürzten sich hinein, ins Wasser. Sie wurden auf der Stelle exekutiert! Mittags konnten wir uns eine Stunde ausruhen, dann ging's weiter, bis es dunkel war. Gegen 20 Uhr oder 21 Uhr kamen wir zu einer Scheune. Dort nächtigten wir. Am nächsten Morgen mussten wir zwischen 7 Uhr und 8 Uhr aufstehen, zu 5 in einer Reihe antreten und abmarschieren. Mittags gab es eine Stunde Pause, dann gingen wir weiter und kamen um 6 Uhr abends bei einem Bauernhof an.

Dort jagte man uns in offene Eisenbahnwagen. 50 bis 60 Mann, obgleich dicker Schnee in den Wagen lag. In einem Waggon befanden sich Frauen und Mädchen. Sie warfen mit den Händen den Schnee aus dem Zug und riefen uns zu, sie seien bereits 4 Tage hier eingepfercht und hätten 8 Tote.

Auch bei uns warfen einige Schnee aus dem Zug, mit bloßen Händen. Nachher legten wir uns abwechselnd aufeinander. Ich verspürte unsäglichen Hunger. Ich legte mich nieder, denn der Wind blies scharf, es war eiskalt. Ein Teil der Leute besaß keine Decken mehr: Sie hatten sie unterwegs weggeworfen, weil sie zu erschöpft waren, um die Last zu schleppen.

Der Zug fuhr nicht los. Es gab Geschrei und Gejammer. Die Wache rief, alle sollten sich hinlegen. Sie würden auf alles schießen, was man sieht. Spät in der Nacht schneite es. Der Schnee hatte uns zugedeckt. In der Morgendämmerung schüttelten wir ihn von uns und warfen den Rest aus dem Waggon. 3 Tote lagen drin. Ein SS-Mann kam und fragte, wie viel Tote hier seien. Wir sagten: »3.« Um die Mittagszeit herum erschienen 2 SS-Soldaten in unserem Waggon, und der Zug setzt die Fahrt fort. Wir fuhren den ganzen Nachmittag, die SS-Männer tauschten sich ab. Erneut blieben wir auf offener Stecke stehen. Unterdessen zählten wir 5 Tote. Man entkleidete sie und legte die Leichen aufeinander, um Platz zu schaffen. Wir hatten großen Hunger, und es war schrecklich kalt. Wir riefen, wir hätten Hunger, aber niemand hörte uns. Es schneite in einem fort. 2 oder 3 Stunden fuhren wir weiter, der Zug blieb zwischendurch stecken. Gegen den Morgen hin zählten wir 8 Tote.

Der Zug stand immer noch, es war heller Tag. Aus meinem Waggon sprang ein Mann, er wurde sogleich erschossen. Wir bekamen noch immer nichts zu essen, dafür bewegte sich der Zug ein wenig weiter. Dann blieb er erneut stehen, und es wurde dunkel. Endlich ging es weiter, zirka 1 Stunde. Es schneite, der Wind blies ins Gesicht und niemand konnte schlafen. Einer weinte, andere schrien, man soll uns doch alle erschießen. Ein Zweiter sprang aus dem Zug, auch er wurde hingerichtet!

Bei Tagesanbruch hatten wir 12 Tote im Waggon, und man prügelte sich um ihre Kleider. SS-Soldaten schlugen ebenfalls auf uns ein, einen schlugen sie tot. Hier gab mir ein SS-Mann eine Jacke. Wir fuhren wieder 2 bis 3 Stunden.

Seit 3 Tagen gab es nichts zu essen und zu trinken. Nur Schnee blies uns in den Mund. Es wurde dunkel. Der Tod stand mir vor den Augen. Ich begann zu weinen. Ich dachte an meine Familie. Wo waren sie alle geblieben?

Endlich wurde es hell. 16 Tote lagen in unserem Waggon, ein Mann blutete aus dem Mund. Vier Tage hatten wir nichts mehr gegessen. Wir fuhren lediglich 3 oder 4 Stunden, an diesem Tag, ansonsten standen wir still. Als es Nacht wurde, hatte ich keine Kraft mehr zu stehen. Es schneite, es war sehr kalt. Ich weinte und sprach mein Todesgebet. Am nächsten Morgen zählte ich 23 Tote. Ich hatte keine Kräfte mehr, nicht einmal zum Schreien. Man wurde stumm. Ich steckte zwischendurch ein wenig Schnee in meinen Mund, um mein Herz anzuregen. Einer sagte zum anderen: »Ich sterbe.« Und der andere sagte: »Wer lässt dich nicht sterben?« Beim Einnachten sprach ich erneut mein Todesgebet. Ich starb nicht. Ich fror, der Wind blies. Ich verspürte großen Hunger. Am folgenden Tag stieg die Zahl der Toten auf 29. Ich dachte: »Heute wirst du den letzten Tag auf der Welt sein.« Ich sah, wie wieder einer starb.

Um die Mittagszeit erreichten wir das Lager Buchenwald. Aus meinem Waggon stiegen noch 21 Mann aus. 3 oder 4 erhoben sich nicht vom Boden, sie lagen im Sterben. Ich fühlte mich sehr schwach, trat aber doch zu 5 in einer Reihe und ging mit den andern 100 bis 150 Meter weit bis zum Bad. Dort schenkte man heißen Kaffee aus. Nachher kam ich unter die Dusche, jemand hatte mich ausgezogen. Anschließend erhielten wir Kleider. Als ich mich im Fensterglas spiegelte, konnte ich kaum glauben, dass ich dies war. Ich sah ganz anders aus. Später erhielten wir Suppe.

Dann wurden wir aufgeteilt, 5 Mann in eine Box, 2 Mann zusammen eine Decke. In dieser Box musste man sich auf die Seite legen, so eng war es: nur 140 Zentimeter breit und 60 Zentimeter hoch. Dennoch schliefen wir bis zum Morgen …

In der Früh bekamen wir wieder Kaffee, und gegen Mittag wurde uns eine Marke ausgehändigt. Mit dieser konnten wir mittags Suppe, 225 g Brot, 30 g Margarine und für den Abend wieder Kaffee beziehen. So ging es 6 bis 8 Wochen, täglich trafen Transporte aus umliegenden Lagern ein.

Plötzlich hörte man die Lautsprecher: »Sämtliche Juden sofort antreten, auf dem Appellplatz!« Ich meldete mich nicht. Zwischen 3000 bis 4000 Mann standen draussen, zirka 2 Stunden lang.

Am nächsten Morgen wurden die Juden beim Appell separiert, Ich hatte mich immer noch nicht gemeldet. Der Blockälteste kam zu mir und sagte: »Was bist du?« Ich sagte: »Rumäne.«[14] Auf dem Appellplatz befanden sich zwischen 4000 bis 5000 Mann, wovon zirka die Hälfte wegtransportiert wurde. Die andere Hälfte internierte man in einer großen Sägerei.

Zwei Tage später jagte man uns aus den Baracken zum Appellplatz. Alle wurden gezwungen, in einer Reihe zu gehen. Man schlug auf uns ein. Auf dem Appellplatz fiel ich zu Boden. Ein Polizei-Häftling hob mich auf und befahl mir weiterzumachen. Doch meine Kräfte reichten nicht mehr aus. Dann ließ er mich liegen. Dies sah ein Mann der SS. Er eilte herbei und schlug mich. Er befahl mir aufzustehen. Ich hatte keine Kräfte mehr und legte den Kopf ganz nah auf die Erde. Der Uniformierte schlug mit seinem Stock auf meinen Kopf und brüllte: »Du krepierst ja doch!« Er ging weiter, ebenso die anderen SS-Soldaten. So lag ich vielleicht 2 Stunden auf dem Boden, ohne mich zu rühren. Unterdessen fuhr ein weiterer Transport weg.[15] Irgendwann kroch ich zurück zum Block. Dort steckte man mir Essen zu, ich schlief ein. Am Morgen erhielten wir Kaffee, mittags Brot und Suppe. Am Nachmittag jagte man uns erneut hinaus zum Appellplatz. Dort standen viele SS-Männer.

Ich bemerkte, dass die Franzosen unter der Baracke einen Bunker gebuddelt hatten. 5 Mann krochen da hinein. Ich folgte ihnen, was sie mit Schlägen zu verhindern suchten. Auf einmal hörten wir Schüsse. In der nachfolgenden Aufregung ließ man von mir ab.

In diesem Bunker hatte sich Wasser angesammelt – von einer geborstenen Wasserleitung. Ein Tag ging vorbei. Wir schliefen kaum, weil es so nass war. Essen gab es auch keines. Wir tranken Wasser aus der Erde. So verbrachten wir 5 Tage ohne Essen und Schlaf. Ich lag erschöpft im Wasser und erwartete den Moment, wo ich sterben würde.

Um die Mittagszeit schreckte uns eine Schießerei auf. Die Franzosen guckten aus dem Bunker. Sie erblickten Häftlinge mit Gewehren. Sofort sprangen alle aus ihrer Deckung. Ich hatte keine Kraft hervorzukriechen oder mich aufzurichten. Sie trugen mich hinaus und legten mich einfach auf die Erde. Vom Wald her hörte ich Schüsse. Häftlinge hatten sich der zurückgelassenen Gewehre und Handgranaten bemächtigt. Sie legten Bretter über den elektrisch geladenen Zaun und gelangten so aus dem Lager. Zirka 1 Stunde später kamen versprengte SS-Männer vorbei. Sie legten ihre Hände auf den Draht und nahmen sich so das Leben …

Ehemalige Häftlinge schauten bei mir vorbei, begleitet von Amerikanern. Diese fotografierten mich und steckten mir Schokolade zu. Abends holten mich zwei Häftlinge mit einer Trage. Sie hoben mich hoch und brachten mich in ein nahe gelegenes Spital. Dort wusch man mich als Erstes und führte eine Magenspülung durch. Nachher musste ich Milch trinken, dann konnte ich schlafen.

Am Morgen wurde mir die Körpertemperatur gemessen. Ich hatte Fieber: 38,4 Grad. Der Arzt kontrollierte meinen Puls und untersuchte mich kurz. Er ließ eine Bahre holen und mich hinaustragen. Ein Krankenwagen transportierte mich in ein anderes Spital. Dort fragte ich den diensthabenden Arzt nach meiner Krankheit. Er antwortete: »Fleckfieber.« Ich erhielt mittags und abends Infusionen, dennoch stieg das Fieber auf 39,2 Grad. Ich glühte und erhielt zur Abkühlung Essigwickel.

Fünf Tage lag ich mit hohem Fieber im Bett, ohne bewusste Erinnerung. Als der Arzt abends vorbeischaute, kitzelte er mich an den Füßen. Ich reagierte und erwachte langsam aus dem Fieberkoma. Ich erhielt eine Spritze, die mich derart schmerzte, dass ich mich auf den Boden warf. Der Arzt beruhigte mich. Ich erhielt ein Medikament und schlief ein. Am darauffolgenden Tag setzte mir ein amerikanischer Arzt eine Bluttransfusion. Ich hatte noch immer starkes Fieber. Man wollte mein Körpergewicht feststellen: 33,4 Kilogramm zeigte die Waage. So gingen die Tage vorbei. Ich bekam Traubenzucker und fühlte mich allmählich besser. Das Fieber sank, feste Nahrung konnte ich immer noch nicht aufnehmen, ich trank lediglich Milch. Ergänzend wurden Infusionen vorgenommen. Nach einer Weile kehrte der Appetit zurück. Ich erhielt »Diätkost«: jeden Tag 100 g Schokolade. Nach einer Woche konnte ich mit Essen beginnen.

Ich war vier Wochen im Spital, als ich den Arzt fragte, ob er mich nicht woanders unterbringen könne. Er erlaubte mir, in die SS-Kaserne umzuziehen, wo die anderen Kinder wohnten. Einige Tage später wurden diejenigen ausgewählt, welche in die Schweiz fahren sollten: Kinder und Jugendliche unter 17 Jahren. Auch ich meldete mich. Am nächsten Morgen, um 7 Uhr, mussten alle antreten. Man suchte die Schwächsten aus, unter anderem mich. Dann stiegen wir in die bereitgestellten Autocars. Sie brachten uns zum Bahnhof. Wir erhielten gute amerikanische Verpflegung. Mittags um 1 Uhr fuhr der Zug los. Kurz darauf begannen die Jungs zu singen:

Buchenwaldlied

Wenn der Tag erwacht, die Sonne lacht,
die Kolonnen ziehen zu des Tages Mühen
hinein in den grauen Morgen.
Und der Wald ist schwarz und der Himmel ist rot,
und wir tragen im Brotsack ein Stücklein Brot
und im Herzen, im Herzen die Sorgen.
O Buchenwald, ich kann dich nicht vergessen,
weil du mein Schicksal bist.
Wer dich verließ, der kann es erst ermessen,
wie wunderbar die Freiheit ist!
O Buchenwald, wir jammern nicht und klagen,
und was auch unser Schicksal sei,
wir wollen trotzdem ja zum Leben sagen,
denn einmal kommt der Tag: dann sind wir frei!
Und das Blut ist heiß und das Mädel fern,
und der Wind singt leis', und ich hab' sie so gern,
wenn treu sie, ja, treu sie nur bliebe!
Und die Steine sind hart, aber fest unser Tritt,
und wir tragen die Picken und Spaten mit
und im Herzen, im Herzen die Liebe.

O Buchenwald ...

Und die Nacht ist kurz, und der Tag so lang,
Doch ein Lied erklingt, das die Heimat sang:
Wir lassen den Mut uns nicht rauben!

Halte Schritt, Kamerad, und verlier nicht den Mut,

denn wir tragen den Willen zum Leben im Blut

und im Herzen, im Herzen, den Glauben.

O Buchenwald ...

(Entstehungsgeschichte: vgl. Glossar im Anhang)

An allen Stationen sangen wir. Wir schliefen auf den Bänken und auf dem Boden. Wir waren frei! Nach 6 Tagen Bahnfahrt erreichten wir die Schweiz. Bei Basel fuhren wir über die Grenze. Zuerst kamen wir nach Rheinfelden, dort wurden wir desinfiziert. Drei Tage später brach der erste Transport nach Gurnigel-Bad auf. Ich war dem zweiten Transport zugeteilt, 3 Tage später. Mit der Bahn fuhren wir bis Kirchthurnen und von dort mit einem Camion-Postwagen auf einer gebirgigen Straße zum Gurnigel-Bad (Riggisberg).

Nach der Ankunft rief man uns namentlich auf und wies uns 3er- oder 4er-Zimmer zu. Das Hotel Gurnigel-Bad lag auf einer Höhe von 1200 Metern über Meer, es war sehr groß. Wir nahmen zusammen im Speisesaal das Nachtessen ein. Nachher legten wir uns schlafen. Morgens um 6 Uhr war Tagwache. Wir mussten uns rasch waschen, dann hatten wir eine halbe Stunde Turnen. Anschließend gab es Frühstück. Dann wurden wir eingeteilt in Gruppen zu je 10 Jungs. Zu jeder Gruppe gehörte eine »Mutti«, welche mit uns spielte und den Tag verbrachte. Es gab auch einen Hausvater.

Nach drei Tagen verspürte ich Schmerzen in einem Fuß. Er war aufgeschwollen und schwach. Ich meldete dies dem Hausarzt, er legte mir einen Verband an. Eine Krankenschwester begleitete mich und half meine Sachen zusammenzupacken. Ich wurde in ein anderes Zimmer verlegt. Der Arzt eröffnete mir, ich sei zu schwach, um aufzustehen, ich müsse drei Tage im Bett bleiben. Inzwischen würde dies besser werden und ich könne nachher wieder zu meinen Kameraden.

Nach zwei Tagen holte mich die Krankenschwester zum Durchleuchten (Schirmbild[16]). Alle wurden untersucht. Es dauerte nur ein paar Minuten. Am folgenden Morgen ließ der Arzt einige zu sich rufen. Ich gehörte auch dazu. Der Arzt sagte, ich würde in ein anderes Zimmer verlegt – wo bereits einige Kameraden seien. Ich fragte ihn, warum ich dorthin gehen müsse. Er erklärte mir, dass ich auf der Lunge krank sei. Nach 3 Tagen wusste er Genaueres: »Du wirst morgen ins Spital nach Bern verlegt, für zirka 4 Wochen.« Um 11 Uhr holte uns ein Militär-Personenwagen ab: 4 Kameraden, alle krank auf der Lunge. Nach zirka 1 Stunde Fahrt trafen wir im Tiefenau-Spital ein. Dort stießen wir mit 4 Jungs aus einem KZ zusammen. Wir freuten uns sehr! In den folgenden Wochen kamen häufig Kameraden zu Besuch, in Begleitung von Rotkreuzfahrerinnen.

Am Ende der mehrwöchigen Kur teilte uns der Arzt mit, dass wir nach Davos in ein Sanatorium kämen, für ungefähr 3 Monate. An einem schönen Tage reisten wir mit der Bahn durch die Schweiz. 6 Stunden dauerte die Fahrt. Der Chefarzt der Höhenklinik untersuchte uns. Ich fragte ihn, wie lange ich wohl hier bleiben müsse. Er meinte: »Wohl ein Jahr. Wenn du die Liegekur richtig machst, wirst du bis dahin gesund.« Und die Tage gehen vorbei auf dem Liegestuhl, und so gehen auch meine jungen Jahre vorbei …

Marton Stark, 21. November 1945

Buchenwald nach der
Befreiung (Foto Natio-
nal Archives, Washington)

Befreite Häftlinge des KZ
Buchenwald in einer Baracke
des Kleinen Lagers (Foto
Harry Miller, 16.4.1945, National Archives, Washington)

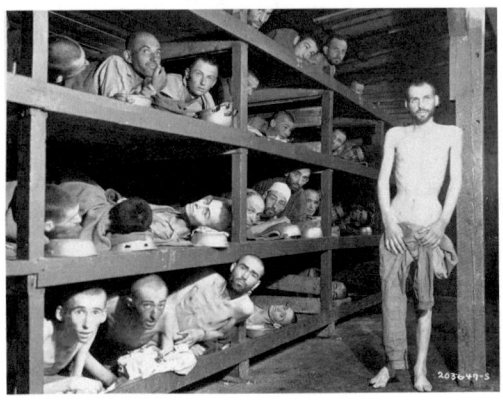

Die Vernichtung der ungarischen Juden

Die deutsche Wehrmacht marschierte am 19. März 1944 in Ungarn ein. Dort lebte noch die größte Gruppe europäischer Juden einer Nation, welche bislang vom Holocaust verschont geblieben war. Mit den deutschen Invasionstruppen kam ein 200 Mann starkes Sondereinsatzkommando unter der Führung von SS-Obersturmbannführer Adolf Eichmann zum Einsatz (Operation Margarethe). Am 23. März 1944 wurde eine neue Regierung unter Ministerpräsident Döme Sztójay gebildet. Innerhalb kürzester Zeit entrechtete man die jüdischen Ungarn durch 107 Gesetze. Danach folgten Erfassung, Kennzeichnung, Ausgrenzung, Ghettoisierung und Zwangsarbeit. Diese Maßnahmen gingen einher mit einem Berufsverbot, Ausgehbeschränkungen und Enteignungen. Sie dienten der perfekten Überwachung sowie der Vorbereitung der systematischen Deportation und Ermordung.

Die Gefangensetzung in Ghettos und Lagern führte die ungarische Gendarmerie durch. Ab dem 15. Mai kamen täglich mehr als 10'000 Menschen vornehmlich ins KZ Auschwitz-Birkenau, wo die Mehrzahl sofort in die Gaskammern getrieben wurden. 150'000 arbeitsfähige jüdische Männer schickte man in Arbeitskommandos, wo das Prinzip »Vernichtung durch Arbeit« galt. Nachdem der schwedische König, der Vatikan und das Internationale Komitee vom Roten Kreuz (IKRK), ungarische protestantische Bischöfe sowie der ungarische Primas Serédi die Einstellung der Deportationen gefordert hatten, wurde der Abtransport der letzten etwa 200'000 Budapester Juden Anfang Juli 1944 unterbunden sowie am 9. Juli vorläufig eingestellt. Nach dem Zusammenbruch versuchte Miklós Horthy, das damalige konservativ-autoritäre Staatsoberhaupt, im Sommer 1944 die weitere Kollaboration bei der Vernichtung der jüdischen Landesbewohner 'zu verweigern. Er ersetzte die Regierung Sztójay durch General Géza Lakatos. Bis dahin waren innerhalb von zwei Monaten 437'402 Juden deportiert worden. Nach der Machtübernahme der Pfeilkreuzler[17] gingen die Deportationen in kleinerem Umfang weiter, mangels Transportmittel vielfach in Form von Fußtrecks Richtung österreichische Grenze. Für Zehntausende bedeutete dies Todesmärsche. Auch im Budapester Ghetto starben viele Menschen infolge der unerträglichen Lebensbedingungen oder der Pogrome der Pfeilkreuzler.

Die Bemühungen neutraler Staaten wie auch die Initiative von Einzelpersonen zur Rettung von Budapester Juden erwiesen sich als erfolgreich. Bis Ende

Oktober 1944 wurden durch den salvadorianischen Konsulatssekretär George Mandel-Mantello über 1600 Schutzpässe ausgestellt. Weitere Dokumente fertigten die Schweizer Diplomaten Carl Lutz, Harald Feller und Friedrich Born, der schwedische Diplomat Raoul Wallenberg sowie der apostolische Nuntius Angelo Rotta aus. Von den 825'000 Personen, die in Ungarn innerhalb der Grenzen von 1941 bis 1945 lebten und als Juden angesehen wurden, starben durch den Holocaust etwa 565'000. (Wikipedia)

Andere Bevölkerungsgruppen wie Sinti und Roma waren nicht nur in Ungarn, sondern auch in weiteren Ländern Südosteuropas Verfolgungen ausgeliefert (u.a. in Rumänien und Jugoslawien).

Europakarte mit den im
Text erwähnten Konzen-
trationslagern Auschwitz,
Groß–Rosen und Buchen-
wald (Institut für Zeitgeschichte, München-Berlin)

Orte des Terrors und der Vernichtung 1941-1945

Tausend Fragen und ein Entschluss

Das Tagebuch liegt vor mir. Ungeheuerliches verbirgt sich hinter diesen Zeilen! Nüchtern formuliert, distanziert. Die minimalistische Erzählstruktur verleitet zu Spekulationen, Interpretationen. Was bleibt unausgesprochen? Was wird lediglich angedeutet? Wo fehlen die Worte, den Holocaust zu beschreiben?[18] Wie kommt es, dass zwischen all dem Schrecken zeitweise so etwas wie »Normalität« durchblitzt? Von einem Coiffeur ist die Rede, von einem Badehaus, vom Kaffeetrinken und dass die SS-Schergen die Leute »bitten«, aus dem Zug zu steigen. Schilderungen von Tatbeständen, die derart grotesk sind, dass sie sich jeglicher sprachlichen Beschreibung entziehen. Gleichzeitig lieg vor mir der Versuch, der Hölle von Auschwitz ein letztes Stück »Menschlichkeit« abzuringen, das Unfassbare fassbar zu machen.

Worte und Ereignisse, die sich eingraben, weil sie so (über-)lebenswichtig sind. »Zu 5 in einer Reihe« – der Appell wird zur Orientierungshilfe, knappe Befehle zur Leitplanke des Bestehens in einem babylonischen Sprachengewirr: gleich einem Refrain im Todeslied.

Die Häftlinge in den Lagern stammten aus über zwanzig Nationen. Marton Stark kam aus einem Teil Rumäniens, welcher zunächst Ungarn zugerechnet und im Verlauf des Kriegs von der deutschen Armee besetzt wurde.

Die wiederkehrenden Grammangaben der Essensrationen sind weniger wörtlich zu nehmen denn als Hinweis darauf, wie spärlich die Rationen ausfielen. Wie sich ein Leben am Rande des Verhungerns reduziert auf Nahrungsbeschaffung, Nahrungsverteilung und Nahrungsaufnahme. Gleichsam hätten die schlaflosen Stunden oder die Anzahl Misshandlungen aufgezählt werden können, das endlose Strammstehen in der Kälte oder die unzähligen Schikanen.

Fragen über Fragen schießen mir durch den Kopf:

- Kann man Deportation, Todesmärsche, das KZ überleben – physisch, psychisch?

- Wie können sich Menschen ein solches Leid antun?

- Wie kam es zum Kontakt zwischen meiner Tante und Marton Stark?

- Wie sieht das Leben nach derart traumatischen Erfahrungen aus?

- Lebt der Autor noch, und wie alt wäre er heute?

- Kann ich ihm seine Hefte zurückgeben?

- Würde er einer Veröffentlichung zustimmen?

- Wo finde ich Marton Stark?

Die Suche nach dem Verfasser

Wo und wie beginnt man die Suche nach einem Menschen, von dem das letzte und (vorläufig) einzige Lebenszeichen ein Tagebuch aus dem Jahr 1945 ist?

Gespräche mit meiner Mutter geben erste Hinweise. Meine Großtante Elise Welti arbeitete während und nach dem Krieg als Freiwillige für das Rote Kreuz. Sie war als Samariterin dem Territorial Rotkreuz, Detachement Kompanie I/119 zugeteilt. In dieser Funktion wurde sie mit dem Empfang von Überlebenden aus den Konzentrationslagern beauftragt: Kindern, Jugendlichen und Erwachsenen, welche vorübergehend in der Schweiz Aufenthalt fanden.

Marton Stark gehörte zu einer Gruppe von jungen Menschen, die kurz nach Kriegsende in die Schweiz kamen. Man nannte sie die »Buchenwaldjugendlichen«. Marton Stark befand sich zu jenem Zeitpunkt in einem prekären gesundheitlichen Zustand und bedurfte besonderer Pflege. Elise Welti erklärte sich bereit, sich verstärkt um ihn und einen weiteren Knaben zu kümmern. Dieser Kontakt ging über das Dienstliche hinaus und hielt sich in Form von Briefen bis zu ihrem Tode im Jahre 1963; von da an verlieren sich die Spuren. Leider sind mit dem Ableben meiner Großtante (bis auf einige Postkarten) auch ihre Korrespondenz sowie allfällige Adressen verloren gegangen.

Als Nächstes wende ich mich an einen Bekannten aus Zürich. Er verspricht, sich in jüdischen Kreisen umzuhören. Der Name Marton Stark sagt leider niemandem etwas, obgleich noch einige Überlebende von Buchenwald in der Schweiz wohnen. Ich erhalte jedoch den Tipp, im Archiv für Zeitgeschichte der Eidgenössischen Technischen Hochschule ETH meine Recherchen fortzusetzen.

Das Archiv für Zeitgeschichte an der ETH Zürich

Endlich werde ich fündig! Ich stoße auf eine Akte über einen Marton Stark, dessen Personaldaten mit den von Elise Welti überlieferten Angaben übereinstimmen. Die Unterlagen bestehen aus einem umfangreichen Personaldossier des ehemaligen Archivs des Verbandes Schweizerischer Jüdischer Fürsorge (VSJF).

1925 wurde aus lokalen jüdischen Armenfürsorgen der Schweiz die gesamtschweizerische Dachorganisation »Verband Schweizerischer Israelitischer Armenpflegen« (VSIA 1925-1943) gegründet. Ab 1933 wurde er zur zentralen Anlaufstelle für die verfolgten jüdischen Flüchtlinge aus dem nationalsozialistischen Deutschland. Bis 1939 organisierte der Verband gemäß den damaligen fremdenpolizeilichen Bestimmungen in erster Linie den Transit von Flüchtlingen. Nach Kriegsbeginn stand die Organisation und Finanzierung des Aufenthalts im Mittelpunkt der Hilfstätigkeit. Die finanziellen Mittel wurden durch die Schweizer Juden sowie durch amerikanische jüdische Hilfsorganisationen bereitgestellt, vor allem durch den JOINT (American Jewish Joint Distribution Committee), die HIAS (Hebrew Immigrant Aid Society) und die HICEM (HIAS-ICA-Emigdirect). 1943 wurde die Organisation in »Verband Schweizerischer Jüdischer Fürsorgen/Flüchtlingshilfen« umbenannt. Zwischen 1933 und 1945

Elise Welti (Zweite von
rechts; Familienalbum
H.Bachmann)

wurden etwa 23'000 Flüchtlinge betreut (u.a. 1944/1945
Überlebende aus den Konzentrationslagern Bergen-Belsen und Theresienstadt sowie Kinder und Jugendliche aus
Buchenwald). Zu den Aufgaben und Tätigkeiten zählten
u. a. die Vertretung der Anliegen der Flüchtlinge vor den
Schweizer Behörden, die Beschaffung von Kleidern, die
ärztliche Versorgung, die Zusammenlegung von Familien und Unterbringung in Privatunterkünften, Nachforschungen nach Vermissten, Rechtsberatungen, die
berufliche Aus- und Weiterbildung im Hinblick auf die
Rück- und Weiterwanderung sowie die Unterstützung
der Wiedergutmachungsanträge an die Bundesrepublik
Deutschland oder Österreich in der Nachkriegszeit. Nach
dem Krieg setzte der VSJF seine fürsorgerische Tätigkeit
und die Flüchtlingshilfe fort; er betreute und betreut zum
Teil bis heute Flüchtlinge u. a. aus Ägypten, Ungarn, der
Tschechoslowakei, Polen, Sowjetunion und aus Bosnien.
(Archiv für Zeitgeschichte, ETH Zürich)

Aus den Akten geht hervor, dass Marton Stark zuerst im
Spital Tiefenau in Bern behandelt wurde, bevor man ihn
Ende 1945 in Davos, in der Heilstätte Etania unterbrachte,
um die Lungentuberkulose auszukurieren. Im Sommer
1948 schien Marton so weit genesen, dass man begann,
seine berufliche Zukunft zu planen. Einem Schreiben
vom 22. Januar 1947 ist zu entnehmen, dass er Berufswünsche als Schreibmaschinen-Reparateur, Nähmaschinen-Reparateur oder Optiker äußert. Offenbar hat man

ihn zu einem mehrwöchigen Hemden-Zuschneidekurs in Montana gedrängt. Dieser kommt aus verschiedenen Gründen nicht zustande. In den Archivunterlagen heißt es: »Es ist natürlich sehr unangenehm, dass jetzt, nachdem wir die beiden Jungen mit großer Mühe zur Teilnahme am Hemden-Zuschneidekurs überredet haben, uns erklärt wird, dass kein solcher stattfinden soll ...« (Schreiben vom 1. Dezember 1948)[19].

Bereits nach seiner Ankunft in der Schweiz gelingt es Marton Stark, mit Hilfe des National Council of Jewish Women in den USA einen entfernten Verwandten in Los Angeles ausfindig zu machen. Die Ausreise nach Amerika verzögert sich jedoch: zunächst aus gesundheitlichen Gründen, später wegen Problemen mit dem Visum. Offenbar gibt es – je nach Herkunftsland – Auswanderungsquoten für Überlebende des Holocaust. Sind die Kontingente ausgeschöpft, gestaltet sich die Emigration nach den USA äußerst schwierig. Man wird auf eine Warteliste gesetzt, so wie Marton Stark.

Korrespondenz in Zusam-
menhang mit der Suche nach
dem Onkel in Los Angeles
(Archiv für Zeitgeschichte)

NATIONAL COUNCIL OF JEWISH WOMEN
INCORPORATED
1819 BROADWAY
NEW YORK

TELEPHONE · CIRCLE 6-3175   CABLE ADDRESS · COUNJEW · N. Y.

November 15, 1945

Verband Schweizerischer Judischer Fluchtlingshilfen
Lavaterstrasse 57
Zurich, Switzerland

In reply please refer to
Re: STARK, Marton, actually hospital
Etania, Davos, Switzerland

Gentlemen:

In reply to your letter of September 19th on behalf of the above
named please be advised that we have been successful in locating
Samuel Stark of 2303 Sheridan Street, Los Angeles, California.

Mr. Stark is almost certain that Marton is one of his relatives
but he does not know which one and would appreciate further identifying
information about him so that he may definitely establish Marton's
identity.

Thank you for your cooperation in this matter.

Sincerely yours,

Esther B. Kaunitz

FM/he

(Mrs.) Esther B. Kaunitz, Director
Department of Service to Foreign Born

64

Inzwischen verstreicht ein weiteres Jahr. Marton Stark hat sich für eine Ausbildung als Religionslehrer in England entschieden. Allerdings müssen erst administrative Hürden überwunden werden, zudem ist er immer noch physisch angeschlagen. In einem Brief vom 13. Oktober 1949 steht: »Herr Stark hätte bereits für das Sommersemester 1949 in das Lehrerseminar Merkas Limut (Manchester, Jewish Theological College) eintreten sollen. Das Visum kam indes nicht rechtzeitig, sodass sein Eintritt erst auf das Wintersemester 1949 hin erfolgen kann. Überdies ist Herr Stark gerade aus dem Spital entlassen worden, wo er zwei Monate krank gelegen hat. Die Erholungszeit bis zum 15. November wird ihm guttun.« Den Akten ist ferner zu entnehmen, dass Marton Stark die Ausbildung in Manchester begonnen hat, offensichtliche schulische Schwierigkeiten ihn jedoch zum Abbruch zwangen.

Er war daraufhin in einer Fabrik tätig; die harte körperliche Arbeit überstieg indes seine Kräfte. Da das Visum ablief, kehrt der junge Mann 1950 in die Schweiz zurück, wo er erneut einen Ausreiseantrag stellte. Von Deutschland aus wollte er in die USA auswandern. Der letzte Akteneintrag besteht in einer Bestätigung der Ausreise nach München (12. März 1951).

Ausreisemeldung nach
Deutschland vom 12. März
1951 (Archiv für Zeitge-
schichte)

VERBAND SCHWEIZERISCHER
JUEDISCHER FLUECHTLINGSHILFEN

Zürich, den 12.März 1951
Postfach 209, Zürich 24
L/sch

A U S R E I S E - M E L D U N G

Name und Vorname	Geb.Datum	Geburtsort	Nationalität
STARK Marton	16.2.1929	Halmi	stls.

Letzte Wohnadresse: Stapferstrasse 61, Zürich
Ausreise am: 12.März 1951   nach: Deutschland

Mit freundlichen Grüssen
VSJF-HIAS
Emigrationsabteilung

Kopie an:
Polizeiabteilung, Bern
Buchhaltung
Tbc-Referat, Davos
Statistik

Statistik

Edith Lorant

erledigt am: 1 3. März 1951

66

Postkarte von Marton Stark
aus Manchester an Elise Welti
(Foto H. Bachmann)

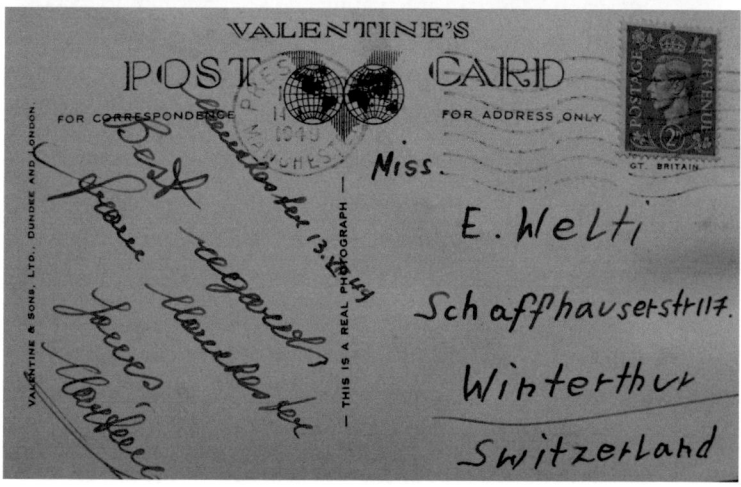

Meine Hoffnungen sinken. Das Gedankenkarussell dreht sich weiter. Wohin wendet sich im Jahr 1951 ein Jugendlicher, gesundheitlich angeschlagen, heimat- und staatenlos? Wie findet er seinen beruflichen Weg, wenn die finanziellen Mittel und die ideelle Unterstützung fehlen? Weder Familie noch Ausbildung Halt vermitteln? Persönliche Perspektiven auf einen Visumsantrag zusammenschrumpfen? Ist es überhaupt möglich, nach dem Aufenthalt in einem Konzentrationslager wieder ein normales Leben zu führen?

Die Archiveinträge stimmen mich pessimistisch. Sie vermitteln das Bild eines unentschlossenen jungen Mannes, der nicht so recht weiß, was er will, wo er hingehört.

Hinzu kommt die Situation im Nachkriegseuropa: administrative Hindernisse, erschwertes Reisen in kriegsverwüsteten Ländern, Verdrängung und krampfhafter Wiederaufbau. Wer interessiert sich da für das Los eines einzelnen Menschen? Sein Schicksal ist eines unter vielen.

Die Recherchen fördern auch einen befremdenden Geist von Kleinkrämerei zutage: Ein Großteil der Unterlagen beschäftigt sich mit Kostengutsprachen und Zuständigkeiten beim Bezahlen von Rechnungen. Von Tagessätzen von 7.00 Franken ist die Rede sowie von einer Zahnarztrechnung in der Höhe von 36.00 Franken. Auslagen, die niemand bezahlen will. Die großen Gefühle angesichts von ergangenem Unrecht und erfahrener Ungeheuerlichkeiten treten im Alltag zurück – es geht ganz banal um Geld.

Brief zur Kostenübernahme
einer Zahnbehandlung
(Archiv für Zeitgeschichte)

Fotokopie aus den Beständen des Archivs für Zeitgeschichte, ETH Zentrum, CH-8092 Zürich. Nur zum persönlichen Gebrauch gemäss Archivreglement.

Flüchtlingshilfe
DER JÜDISCHEN GEMEINSCHAFT
DAVOS

DAVOS, den   22. November 1946
Telephon 3 58 88

POSTCHECK-KONTO X 1475

An den
V.S.J.F.
Zürich

25 NOV. 1946

Unser Zeichen: CC/Fl
(Bitte in Ihrer Antwort anführen)

Ihr Zeichen: Eg   Ihr Schreiben: Re: S t a r k   Marton, geb.16.2.1929, N 45309 Mr
                                                    Heilstätte Etania, Davos - Platz

Liebes Fräulein Eger,

Das Comité Davos hatte in der Zahnangelegenheit von Marton Stark Antrag auf
Beitrag an die PA gestellt, einen Teil der Kosten einer konservierenden Be-
handlung zu übernehmen. Den Kostenvoranschlag legen wir Ihnen in Kopie bei.
Da ich kürzlich in Bern eine Besprechung mit Herrn Müller hatte, von dem jetzt
dieser merkwürdige Bescheid vom 14.11., von dem Sie ebenfalls Kopie erhalten,
gegeben wurde, Ich bitte Sie auf Verbandspapier folgenden Brief an die PA
schreiben zu lassen:

"Unser Comité Davos teilt uns mit, dass Sie mit Schreiben vom 14.11.
einen Beitrag für die konservierende Zahnbehandlung des Obengenann-
ten abgelehnt haben. Sie schreiben in Ihrem letzten Absatz, dass Sie
an die Kosten für konservierende Zahnbehandlung in der Regel keine
Beiträge leisten können.
Wir gestatten uns, auf die Besprechung unserer Frau Catala mit Ihrem
Herrn Dr.Müller zurückzukommen. Herr Dr.Müller sagte damals, dass für
die PA die gleichen Richtlinien bei Zahnbehandlungen gelten, wie sie
bei der Zentralleitung angewandt werden. Ihr Entscheid, an konservierende Zahnbehandlungen keine Beiträge zu geben, scheint uns auf einem
Missverständnis zu beruhen, denn man kann doch wirklich nicht behaup-
ten, dass eine konservierende Zahnbehandlung für die Erhaltung der
Kaufähigkeit nicht notwendig ist. Wenn Zähne nicht plombiert werden,
müsste dann nach mehr oder weniger langer Zeit unweigerlich der Moment kommen, wo die Zähne nicht mehr zu retten sind und Teil- oder
Gesamtprothesen gemacht werden müssen.
Wir haben bis jetzt von Ihnen bei konservierender Zahnbehandlung
stets Beiträge erhalten, zumal diese Behandlungen ja meistens viel
weniger kostspielig sind, als diejenigen, die notwendig werden, wenn
Zähne nicht konservierend behandelt werden.
Wir bitten Sie daher noch einmal zu überprüfen was diesen Entscheid
veranlasst haben könnte, da wir wie gesagt vermuten, dass hier ein
Missverständnis vorliegt."

Mit freundlichen Grüssen
JUEDISCHE FLUECHTLINGSHILFE DAVOS

(C. Catala)

69

Eine Spur bleibt noch: die Adresse des Onkels in Los Angeles. Doch auch dieser Anhaltspunkt hilft nicht weiter. Mein Schreiben kommt als »nicht zustellbar« zurück. Zum Glück öffnet sich eine andere Tür: Ich erhalte den Rat, den International Tracing Service ITS zu kontaktieren.

ITS – International Tracing Service

Im Verlaufe des Zweiten Weltkriegs wurden Millionen von Menschen vertrieben, von ihrer Familie getrennt und in alle Teile der Welt verstreut. Bereits 1943 richtete das Britische Rote Kreuz in London einen Suchdienst ein, um Vermisste ausfindig zu machen. Unterstützt wurde es dabei durch das Komitee des Internationalen Roten Kreuzes in Genf. 1946 verlegte man die Institution nach Hessen. Die Wahl fiel auf Bad Arolsen, weil dieser Ort vom Krieg verschont geblieben war, über eine intakte Infrastruktur verfügte sowie mitten in den vier Besatzungszonen lag. Der International Tracing ITS Service wird heute durch das Internationale Rote Kreuz IKRK geleitet und zählt rund 450 Mitarbeitende. Er beschäftigt sich ausschließlich mit Meldungen zu Vermissten des Zweiten Weltkrieges.

Bei Kriegsende befinden sich etwa acht bis zehn Millionen Menschen aus Polen, der Sowjetunion, der Ukraine, Jugoslawien, Tschechoslowakei und Frankreich in Deutschland. Die meisten von ihnen sind als Zwangsarbeiter nach Deutschland verschleppt worden, doch es befinden sich auch Kriegsgefangene und befreite Häftlinge aus den Konzentrationslagern darunter. Da es den meisten nicht möglich ist, mit eigenen Mitteln in ihr Heimatland zurückzukehren und ihre Versorgung erhebliche Probleme hervorruft, beginnen die Alliierten (Siegermächte) ab Mai 1945, sie in ihre Heimatländer zurückzuführen.

Bis September 1945 werden 4,6 Millionen Menschen, sie werden »Displaced Persons« genannt, aus den Westzonen in ihre Heimat gebracht. Vielen gelingt die Auswanderung in die USA, nach Australien oder auch nach Israel. Bei den osteuropäischen Staaten ist die Rückführung schwierig, da viele Menschen wegen der dort herrschenden politischen Verhältnisse zögern oder es ganz ablehnen zurückzukehren. (Rotes Kreuz 2005, S. 30)

Lange Zeit war das Suchen von zivilen Personen, die während des Krieges vermisst oder verschleppt wurden, Hauptaufgabe und der ursprüngliche Auftrag des Internationalen Suchdienstes. Getrennten Familien zu helfen, sich wiederzufinden, war das Ziel der Arbeit. Die Antragsteller waren zuerst fast ausschließlich Betroffene. Sie wussten, dass sie nicht alleine deportiert worden waren, sie sorgten sich um ihre nächsten Verwandten und wollten vor ihrer Rückkehr den abgebrochenen Kontakt so schnell wie möglich wiederherstellen. Hatten diese den Holocaust überhaupt überlebt und wenn ja, wo befanden sie sich jetzt? Das Schlimmste war, nicht zu wissen, welche Odyssee die vermissten Familienangehörigen hinter sich hatten. Später stellten immer mehr junge Menschen einen Antrag, die während des Krieges noch Kleinkinder waren. Viele von ihnen wussten wenig oder gar nichts über ihre Eltern und suchten nach ihren Wurzeln. (Rotes Kreuz 2005, S. 164)

Die Archive von ITS spielen eine wichtige Rolle bei der Aufarbeitung der Vergangenheit. Seit 2007 sind sie interessierten Forschern zugänglich. So lagern hier die nahezu vollständigen schriftlichen Unterlagen aus den Konzentrationslagern Dachau, Buchenwald und Mauthausen. Neben einer Aufstellung aller Häftlinge findet man auch Aufzeichnungen, die man nicht erwartet: ausführliche Personalkarten, in denen die Umstände der Gefangenschaft festgehalten werden, Verzeichnisse, auf denen jedes einzelne Kleidungsstück eintretender Häftlinge festgehalten ist oder minutiöse Listen, wie viele Läuse man bei einem Gefangenen gezählt hat. Jedes einzelne Dokument ist wichtig! Es hat nicht nur einen historischen Wert, sondern kann irgendwann der einzige Nachweis für einen Verfolgten sein, mit welchem er die Verhaftung, den Aufenthalt im Lager, erlittenes Unrecht und Leid beweisen kann.

Die Archivbestände sind beeindruckend. Für jeden der rund 17 Millionen ehemaligen zivilen Verfolgten, die hier registriert sind, gibt es einen Zettelkasten. In dieser Kartonschachtel werden Hinweise zu den verschiedenen Dokumentenbeständen abgelegt, in denen der Name des Betroffenen zu finden ist. Das können Arbeitsbücher, Krankenakten, Totenbücher oder Meldedaten sein. Ein zentrales Problem bei der Erfassung der Namenskartei bildete die unterschiedliche Schreibweise. Abhängig von der Muttersprache der Personen, welche die Originaldokumente verfasst hatten, wurden gleiche Namen gänzlich verschieden geschrieben. Für den Namen SCHWARZ existieren zum Beispiel so unterschiedliche Schreibweisen wie ZVARC oder CHVARS – insgesamt 156 Varianten! Dank der ursprünglich entwickelten (im Laufe der Zeit zusehends verfeinerten alphabetisch-phonetischen) Ordnung ist es heute möglich, sämtliche Hinweise zu einer bestimmten Person relativ rasch zu eruieren. Seit 2003 sind die Daten digitalisiert und über Computer abrufbar.

Eine erfreuliche Nachricht

Auf den Internationalen Suchdienst setze ich meine letzte Hoffnung. Im Januar 2006 reiche ich eine Suchanfrage nach Marton Stark ein. Bereits nach kurzer Zeit erhalte ich eine Eingangsbestätigung mit der Zusicherung, dass entsprechende Ermittlungen in die Wege geleitet worden seien. Ein Jahr später wird mir ein weiterer Brief zugestellt mit der Versicherung, dass die Suche fortgesetzt werde. Erneut verstreicht ein Jahr, und ich beginne mich damit abzufinden, dass meine Suche hier endet.

Kurz darauf trifft ein Schreiben ein: Mit Datum vom 6. August 2008 wird mir mitgeteilt, dass Marton Stark ausfindig gemacht werden konnte und er sich freuen würde, mit mir Kontakt aufzunehmen. Wenig Tage später erhalte ich einen persönlichen, von Marton verfassten Brief. Die Aussicht, das Tagebuch zurückzuerhalten, bedeutet ihm sehr viel: *»If I made a million dollars, it wouldn't touch me as much as receiving this diary.«*

Zentrale Namenskartei im
Archiv des International
Tracing Service in Arolsen
(Foto H. Bachmann)

Schreiben des Internatio-
nalen Suchdienstes aus dem
Jahr 2006

Bad Arolsen, 14th March 2006
gut/mv

Mrs Linda Klein
Director
The Holocaust and War Victims
Tracing and Information Center
Central Maryland Chapter
American Red Cross
4800 Mount Hope Drive
21215 BALTIMORE, MD
USA

Our Reference
(please quote)
T/D – 641 400

Re: Mr Marton STARK, born in Halmi on 16.2.1929

Dear Mrs Klein,

Our office has been approached by Mr Heinz BACHMANN (Ph.D.), born in Agogo/Ghana
on 12.12.1954, parents' names: Werner and Berta, née REUTIMANN, residing Birchstr.
95, 8090 Zurich, Switzerland, and requested to search for the above-mentioned person, a
former CC detainee of Concentration Camp Buchenwald.

Dr Bachmann makes the following indications in this respect:
"Among the personal property left by my aunt, Ms Elise WELTI, born on 4.8.1900,
deceased in the fall of 1963 approximately, who had been employed with the Swiss Red
Cross during World War II, I discovered a notebook belonging to Marton Stark. In this
book, Marton Stark, born in Halmi on 16.2.1929, had described the experiences he had
made in Concentration Camp Buchenwald. At the end of the war, he was brought to
Switzerland via "Bäderstation Rheinfelden" (a health resort) for recovery and cared for by
my aunt. She obviously had closer contact with Marton Stark. According to my mother,
they reportedly exchanged letters still, when Marton emigrated to America.
I should like to make contact with Marton Stark or any of his descendants now so to hand
them these hand-written documents."

A check of our records revealed the following data:

        STARK Marton, born in Romania on 16.2.1919,

        emigrated from Bremerhaven to America aboard
        the ship USNS "Gen. Sturgis" on 29th December
        1951.

Schreiben des Internatio-
nalen Suchdienstes aus dem
Jahr 2007

Bad Arolsen, 15. Februar 2007
gut

Herrn
Dr. phil. Heinz Bachmann
Leiter Hochschuldidaktik
Pädagogische Hochschule Zürich
Departement Weiterbildung und Beratung
Birchstrasse 95
8090 ZÜRICH
SCHWEIZ

Unser Zeichen
(bitte angeben)
T/D – 641 400

Ihre Email vom 30. Dezember 2005
sowie der von Ihnen zurückgesandte
Fragebogen mit Anlage, hier einge-
gangen am 13. Januar 2006

Betrifft: Herrn Marton STARK, geboren am 16.2.1929 in Halmi

Sehr geehrter Herr Dr. Bachmann,

im Anschluss an unser Schreiben vom 6. Januar 2006 teilen wir Ihnen mit, dass wir zwi-
schenzeitlich entsprechende Ermittlungen eingeleitet haben, die zur Zeit noch andauern.

Sobald uns ein Ergebnis vorliegt, werden wir Sie umgehend davon benachrichtigen.

Bis dahin bitten wir Sie weiterhin um Geduld und verbleiben

mit freundlichen Grüßen

Im Auftrag

Sabine Gutzeit

Sabine Gutzeit
für die Archive

Die erste Begegnung

Nach der ersten Kontaktnahme wird Marton Stark erneut ein Thema in meiner Familie. Insbesondere meine beiden Kinder, Nino und Mattia (12 und 14 Jahre alt), sind brennend an seiner Geschichte interessiert. Sie möchten mehr über Marton, meine Großtante Elise und die damaligen Judenverfolgungen wissen. Ich lese ihnen das Tagebuch von Marton vor. Wir versuchen die Ereignisse zu übersetzen: in die heutige Zeit, in unser geografisches Umfeld. Wie würden wir uns fühlen, wenn uns jemand unser Haus wegnehmen würde? Was empfindet man, wenn die Nachbarn die Wohnung plündern, einen öffentlich beschimpfen? Und die Polizei nicht nur tatenlos zusieht, sondern den Angreifern auch noch Beihilfe leistet? Der Gedanke, dass Leute aus der nächsten Umgebung, die wir persönlich kennen, mit denen wir seit Jahren befreundet sind, sich so verhalten könnten, lässt uns keine Ruhe. Vor unserem inneren Auge marschieren wir mit unseren nächsten Verwandten sowie uns unbekannten Menschen ins nächstgelegene Dorf, welches 10 km entfernt liegt. Jeder trägt einen Koffer: das Einzige, was wir noch retten konnten. Die Großmutter, über 80 Jahre alt, kann nicht mithalten. Sie wird angetrieben, geschlagen. Wir müssen sie verletzt liegen lassen, auf offener Straße – derweil man uns vorwärtsprügelt. Diese Vorstellung ist kaum auszuhalten. Wir solidarisieren uns gedanklich mit den Betroffenen, und eine Welle der Sympathie kommt hoch: für die Betroffenen und rückblickend speziell für Marton. Es wächst der Wunsch, ihn persönlich kennenzulernen.

Nach meinen Berechnungen muss Marton Stark mittlerweile 80 Jahre alt sein. Ich realisiere, dass ich ihn möglichst rasch aufsuchen muss, solange sein Alter und seine Gesundheit es noch zulassen. Kurz entschlossen vereinbare ich mit ihm ein Treffen in den USA.

Am 9. Februar 2009 ist es so weit. Wir – meine beiden Kinder und ich - sitzen in der Lobby eines Hotels in Los Angeles und warten (leicht nervös) auf einen uns fremden, auf eine seltsame Art auch vertrauten Menschen. Plötzlich stürmt ein älterer Herr mit einem riesigen Früchtekorb herein, steuert auf mich zu, und wir fallen uns in die Arme. »Ihr habt euch begrüßt wie alte Freunde«, konstatieren meine Söhne später. Sogleich stellt sich eine Herzlichkeit ein, die mich überrascht. Marton Stark ist mir auf Anhieb sympathisch. Keine Selbstverständlichkeit: Allein die Tatsache, dass jemand im Konzentrationslager war, bedeutet nicht, dass der Betreffende ein besonders guter, freundlicher oder umgänglicher Mensch sein muss.

Wir essen gemeinsam mit Marton und seiner Frau Bluma zu Abend. Bereits nach kurzer Zeit sind wir in ein persönliches Gespräch vertieft. In den nächsten Tagen treffen wir uns mehrfach, besuchen das Ehepaar auch in seinem Haus in Beverly Hills. Eine erstaunliche Lebensgeschichte breitet sich vor uns aus.

Marton Stark (li), Heinz
Bachmann (re) sowie Nino
und Mattia Bachmann mit
Marton Stark (Mitte) beim
ersten Zusammentreffen
(Foto H. Bachmann)

Marton Stark – seine Lebensgeschichte

Rückblickend verkörpert die Zeit im Sanatorium Etania in Davos (1945 bis 1948) eine entscheidende Phase für den jungen KZ-Überlebenden. Marton Stark erzählt, dass er während der dreijährigen Erholungszeit viel gelesen hat. Zudem findet er bei Eli Torn, einem älteren Kameraden, der an der Universität Sorbonne Philosophie studiert hat, menschlichen Halt. In Gesprächen mit anderen Holocaust-Überlebenden versuchen sie, dem Erlittenen einen Sinn abzuringen, für sich eine neue Identität zu finden. Wiederkehrend wird er von Depressionen geplagt. Albträume verfolgen ihn. Zweifel hinsichtlich seiner Zukunft steigen auf. Er spielt mit dem Gedanken, sich den Zionisten anzuschließen: einer Bewegung, die sich zum Ziel gesetzt hatte, in Palästina einen jüdischen Staat zu gründen. Aber in seinen Träumen und Gedanken erscheinen ihm immer wieder seine Eltern. Ihr Wunsch, dass er eine eigene Familie gründen und ein Leben im Glauben führen solle, wird zu seinem Ansporn. Das wird denn auch das Leben sein, das er führen wird. Aus heutiger Sicht beurteilt er diese Entscheidung als glücklich und richtig. Kurz vor seiner Ausreise aus der Schweiz lernt er Bluma kennen. Die junge Frau arbeitet als Sekretärin beim jüdischen Studentenverein in Zürich. Er lädt sie zum Besuch des Theaterstücks »Der eingebildete Kranke« von Molière ein. Die beiden finden Gefallen aneinander. Noch vor Martons Abreise nach Amerika verloben sie sich.

Dass Marton Stark in die USA emigriert, ist eher einem Zufall zuzuschreiben. Elise Welti schlägt Marton vor, nach Verwandten zu suchen. Sie leitet auch die Suche nach seinem unbekannten Onkel in Übersee ein. Wie sich später herausstellte, lebten zu dieser Zeit auch noch Cousins in New York und Israel. Das wusste Marton jedoch nicht. Er ging davon aus, dass sein Onkel in L.A. der einzige Überlebende des Holocaust sei. Onkel Sam, wie er ihn nannte, war ein Bruder seines Vaters. Er übersiedelte bereits vor dem Krieg in die USA.

Ende Dezember 1951 ist es soweit − Marton besteigt das Schiff »General Sturgis«, welches ihn nach Amerika bringt. Eine Woche später landet er in New Orleans, wo der Zug nach Kalifornien auf ihn wartet. In Los Angeles wird der Neuankömmling von seinem Onkel empfangen. Dieser ist verheiratet und hat zwei Söhne. Onkel Sam hat nicht nur Marton, sondern fünf weiteren Nichten und Neffen die Überfahrt nach Amerika ermöglicht. In Los Angeles gestrandet sind auch Helen und Yetti, zwei Cousinen, die wie Marton das Konzentrationslager überlebt haben. Der Onkel offeriert Marton eine Anstellung als Hilfsarbeiter in seinem Geschäft. Marton kann ihn jedoch davon überzeugen, dass es besser sei, eine Ausbildung zu beginnen. Er besucht in den nächsten eineinhalb Jahren das City College von Los Angeles und arbeitet in der Freizeit bei seinem Onkel. Marton Stark schildert den ihm vorher unbekannten Mann als großzügig und fürsorglich. Jeden Sonntag besuchte er seine Verwandten, erkundigte sich nach deren Wohlbefinden und gab ihnen Geld. Marton unterstützt er während der gesamten Ausbildung mit 50 Dollar pro Woche.

In der Zwischenzeit ist Bluma in Amerika eingetroffen, das junge Paar heiratet. Die ersten Jahre sind hart. Neben der Überwindung der traumatischen Erfahrungen in den Konzentrationslagern stehen die zwei vor denselben Herausforderungen, die sich Einwanderern in einem fremden Land stellen: praktisch mittellos, mit mangelnden Sprachkenntnissen und ohne fundierte Berufsausbildung sollten sie sich nun eine Existenz aufbauen. Zuerst versuchen die beiden mit dem Verkauf von künstlichen Blumen ihr Glück. In ihrer Erinnerung machten sie sich damit zum Gespött ihrer Nachbarn und schafften es kaum, etwas abzusetzen. Doch die beiden geben nicht auf. Als Nächstes importieren sie Wohnzimmeruhren, um sie in den USA zu verkaufen. Marton entlockt die Erinnerung an dieses Experiment ein Lächeln: Die aus Deutschland eingeführten Kuckucksuhren mussten vor Ort noch zusammengesetzt und einige Tage auf ihre Genauigkeit hin überprüft werden. Das Schlagen der im ganzen Haus verteilten Uhren – zu den unmöglichsten Zeiten – treibt sie nahezu zur Verzweiflung. Hinzu kommt die Erkenntnis, dass auch in diesem Sektor kein Geld zu verdienen ist. Aber die beiden geben nicht auf! Der dritte Anlauf gelingt, wenn auch nicht auf Anhieb. Sie steigen in den Handel mit Kunstschmuck[20] ein. Zuerst werden sie auch bei diesem Unterfangen von Misserfolg begleitet. Juweliergeschäfte nutzen ihre Unerfahrenheit aus und übervorteilen sie. Aber dann wendet sich das Blatt. In Providence, an einer Schmuckmesse, lernen sie die Besitzer einer Schmuckfabrik kennen. Obwohl die Unternehmer gleich realisieren, dass sie zwei Neulinge vor sich haben, gewähren sie ihnen spezielle Konditionen. Es gelingt Bluma und Marton, den Schmuck mit Profit zu verkaufen. Über diesen Exklusivvertrieb erhalten sie den Einstieg in die Branche.

Nach einiger Zeit eröffnen sie an verschiedenen Standorten Geschäfte für Kunstschmuck. Später folgen Geschäftsreisen nach Hongkong, Taiwan, Korea und Thailand, wo sie zu günstigen Preisen ihre Ware einkaufen. Die beiden haben es geschafft! Als Krönung des wirtschaftlichen Erfolges kaufen sie in Beverly Hills/Los Angeles ein Haus. Nun verkörpern sie den sprichwörtlichen American Dream vom wirtschaftlichen Aufstieg durch harte Arbeit, Ausdauer und Einfallsreichtum.

Hinter dem, was oben stehend in wenigen Sätzen zusammengefasst worden ist, standen schwierige Jahre voller Entbehrungen, Unsicherheiten und Zweifel. Es dauerte, bis sich der Erfolg einstellte. Auf der anderen Seite zwang die wirtschaftliche Situation Marton dazu, sich auf den Alltag zu konzentrieren. Der Holocaust trat in den Hintergrund. Das Bestehen im Alltag (Geld verdienen, Kinder großziehen, der wöchentliche Gang zur Synagoge) bestimmt das

Denken und Handeln. Der Familienvater schließt seine Vergangenheit weg, er erwähnt selbst gegenüber seinen zwei Söhnen nichts von den Konzentrationslagern. Er will die Knaben vor Rachegefühlen und dem Bösen in der Welt bewahren. Allerdings wird er in all den Jahren von Albträumen, Schlaflosigkeit und psychosomatischen Krankheiten heimgesucht. Als er gegen 50 geht und seine Söhne zu jungen Männern herangewachsen sind, wird er von der Vergangenheit eingeholt. Die Steven-Spielberg-Stiftung »Survivor of the Shoa« kontaktiert ihn mit der Bitte, an Schulen über seine Erlebnisse zu erzählen. Dies ist der Moment, indem er zum ersten Mal mit seinen Kindern darüber spricht.

Postkarte aus Kalifornien
von Marton Stark, seiner
Frau Bluma und den Söh-
nen Larry und Jerry an Elise
Welti (Foto H. Bachmann)

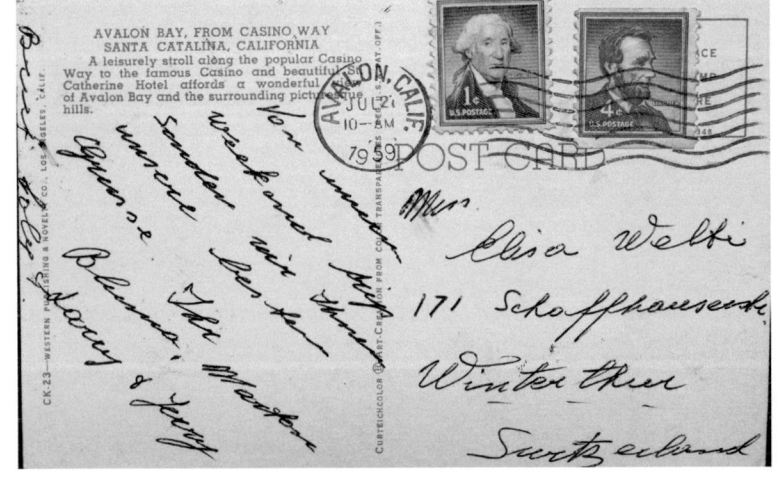

Ein Leben trotz Konzentrationslager

Wusstet ihr …
dass es nur ein Wort für Entsetzen gibt,
nur ein Wort für Angst?
Wusstet ihr,
dass das Leiden keine Schranke kennt,
der Schrecken keine Grenze?

Charlotte Delbo[21]

Eine Erfahrung, die Marton Stark bis zum heutigen Tag aufwühlt und trifft, ist die Ungläubigkeit[22], welche die Schilderung seiner Erlebnisse bei den Jugendlichen hervorrief. Er ging in ihre Schulen, berichtete als Zeitzeuge – überzeugend und sichtlich bewegt – von Krieg, Vertreibung und Konzentrationslager. Von Furcht, Verzweiflung und Verlust. Insbesondere farbige College-Kids aus benachteiligten Verhältnissen zweifelten am Wahrheitsgehalt seiner Erzählungen. Ihre Argumentation: »Das tut doch niemand! Das hält doch kein Mensch aus!«

Die Reaktion ist nachvollziehbar. Sie bezieht sich weniger auf die Person von Marton denn auf die Tatsache, dass uns das Geschilderte unmöglich, unmenschlich, unfassbar erscheint. Allein die Bedingungen, unter denen die KZ-Insassen vegetieren mussten! Die meisten der Insassen überlebten die Lager ja auch nicht. Überdies löst die Erkenntnis, dass solch Schreckliches in jüngster Zeit, wiederholt, auf einem kultivierten Kontinent wie Europa geschehen ist, blankes Entsetzen aus. Vielleicht erinnern Sie sich als Leser/Leserin noch an die ersten Bilder, die Sie von ausgemergelten, rasierten, halbnackten KZ-Häftlingen gesehen haben. Daran, wie es Ihnen heiß und kalt den Rücken hinunterlief. Wie Sie sich im ersten Moment gewünscht hätten, dies nie zu Gesicht bekommen zu haben.

Gleichzeitig stellen Zweifel am Wahrheitsgehalt das Leiden, das ganze Maß an erfahrener Ungerechtigkeit infrage – die persönliche Identität eines ehemals Verfolgten steht auf dem Spiel. Statt einer Gegenrede sei nachstehend eine längere Passage aus dem weltbekannten Buch »… trotzdem Ja zum Leben sagen« von Viktor Frankl zitiert. Frankl war ein jüdischer Neurologe und Psychiater, der Auschwitz überlebt hat. Seine Überlegungen und Reflexionen zum Leben in einem Konzentrationslager zählen bis heute zum Eindrücklichsten, das zu diesem Thema geschrieben worden ist.

»Neugier – Neugier, ob ich mit dem Leben davonkommen werde oder nicht, mit einem Schädelbruch oder anderen Knochenbrüchen usw. Auch in Auschwitz herrschte diese gleichsam die Welt objektivierende und den Menschen distanzierende Stimmung fast kühler Neugier, die Stimmung des Zusehens und Zuwartens, auf die sich die Seele in solchen Augenblick zurückzieht und hinüberzuretten versucht. Neugierig waren wir, was nun alles geschehen würde und was die Folgen seien. Die Folgen z.B.

davon, dass man, splitternackt und noch nass von der Brause, im Freien stehen gelassen wird, in der Kälte des Spätherbstes. Und die Neugier wird in den nächsten Tagen von Überraschung abgelöst, z.B. von der Überraschung darüber, dass man eben keinen Schnupfen bekommt. Aber solche trivialen Überraschungen blühen dem Neuangekommenen unter den Häftlingen noch viele. Der Mediziner unter ihnen lernt vor allem eines: die Lehrbücher lügen! Irgendwo hieß es einmal, der Mensch könne es ohne Schlaf nicht länger als soundso viele Stunden aushalten. Ganz falsch! … Die ganze Zeit des Lagerlebens über ohne Zähneputzen auskommen und trotz des sicherlich erheblichen Vitaminmangels der Kost ein besseres Zahnfleisch haben als je zuvor (auch zur Zeit gesündester Ernährung). Oder: ein halbes Jahr lang ein und dasselbe Hemd tragen, bis man ihm mit bestem Willen nicht mehr ansieht, dass es eines war; tagelang wegen Einfrierens der Wasserleitung im Waschraum sich überhaupt nicht, nicht einmal partiell waschen können und trotz wunder Stellen an den Händen, die von Erdarbeiten verschmutzt sind, keine eiternden Wunden bekommen (freilich nur so lange, als nicht die Frosteinwirkungen mit im Spiel sind). Oder: als Mensch, den früher das leiseste Geräusch im Nebenzimmer geweckt und nicht mehr wieder hatte einschlafen lassen, aneinandergepresst neben einem Kameraden liegen, aus dessen Nase in einer Entfernung von wenigen Zentimetern vom eigenen Ohr heftiges Schnarchen tönt; und trotzdem fällt man, kaum dass man sich hinlegt, in tiefen Schlaf. Da musste uns so recht zu Bewusstsein kommen, wie richtig der Satz von Dostojewski ist, in dem er den Menschen einmal geradezu definiert als das Wesen, das sich an alles gewöhnt. Uns könnte man danach fragen, wir könnten sagen, ob und wieweit dies stimmt, dass der Mensch sich an alles gewöhnen kann; ja, werden wir sagen – aber man frage uns nicht, wie …« (Frankl 1982, S. 35-37)

Neben der Frage nach der Leidensfähigkeit des Menschen stellt sich nahezu im gleichen Atemzug die Frage nach dem »Leben danach«. Welche Faktoren helfen einem Menschen, nach solch traumatischen Erlebnissen in die Normalität zurückzukehren? Weiterzuleben, das Leben wieder anzunehmen? Aus der Forschung (Matussek 1971; Niederland, 1980; Herzka&Schuhmacher&Tyrangiel 1989) wissen wir, dass Überlebende von Konzentrationslagern oft zeit ihres Lebens unter den psychosomatischen Folgen litten:

- Schlafstörungen und plötzliches Erwachen aus einem Angst- oder Albtraum,

- Gemütsschwankungen, Reizbarkeit,

- Betriebsamkeit, Rastlosigkeit,

- Psychosomatische Störungen wie Kopf-, Rücken-, Magenschmerzen und Schwindelgefühle,

- Überlebensschuld.

Diese Aufzählung umfasst lediglich eine Auswahl möglicher Spätfolgen, auch »Posttraumatische Belastungsreaktionen« genannt. Nicht selten verübten Überlebende Selbstmord, weil sie die Gespenster der Vergangenheit einholten, die Geschehnisse emotional vereinnahmten, als wäre es gestern gewesen. Selbst später Geborene sprechen von einer »Zeit vor und nach Auschwitz«.

Auch Marton Stark leidet unter Albträumen, in denen er sich gegen die Nazis wehren muss. Er erzählt wiederholt schuldbewusst, dass seine Brüder in die Gaskammer gehen mussten, während er überlebte. Fast zwanghaft durchlebt er bis heute die Ankunft in Auschwitz. Was sich dort abgespielt hat, ist an Grauen kaum zu übertreffen. Was Marton beschäftigt und umtreibt, ist mir anhand eines Textes ansatzweise bewusst geworden. Es handelt sich um den Augenzeugenbericht des polnischen KZ-Häftlings Borowski, welcher gezwungen worden war, beim Entladen der eintreffenden Züge zu helfen.

»Erst von hier, von der Böschung aus ist die Hölle der brodelnden Rampe voll zu ermessen. Ich sehe ein Paar, das zu Boden gefallen ist, in einer verzweifelten Umarmung ineinander gekrallt. Er hat seine Finger krampfhaft in ihren Körper gegraben, mit den Zähnen ihr Kleid gepackt. Sie schreit hysterisch, flucht, lästert, bis sie von einem Stiefel niedergedrückt, röchelt und verstummt. Man reißt sie auseinander, als wären sie Holz, und treibt sie wie Vieh auf den Lastwagen. Vier Häftlinge versuchen die aufgedunsene Leiche einer ungeheuer dicken Frau aufzuheben, fluchen und schwitzen vor Anstrengung, verscheuchen mit Fußtritten verirrte Kinder, die weinend auf der Rampe umherlaufen und wie Hunde heulen. Die Männer packen sie, am Hals, am Kopf, an den Armen, und werfen sie auf den Lastwagen. Sie schaffen die dicke Frau nicht und rufen andere zu Hilfe. Mit vereinten Kräften wird der Fleischberg endlich auf die Ladefläche gewuchtet. Von überall her werden Leichen herbeigeschleppt, große, geschwollene, aufgedunsene Körper. Krüppel, Gelähmte, Erdrückte, Ohnmächtige werden auf denselben Haufen geworfen. Der Berg der Leichen bewegt sich, wimmert, heult.« (Borowski 2008, S. 215)

Eine solche Erfahrung lässt einen nicht mehr los. Die Bilder brennen sich ins Gedächtnis, die Erinnerung holt einen wiederkehrend ein. Man muss dieses Stück Lebensgeschichte akzeptieren und einen Weg finden, damit umzugehen. Einige schaffen es, andere zerbrechen daran.

Wobei das Ganze selbst für Außenstehende manchmal eine Überforderung bedeutet. Je länger ich mich mit Auschwitz auseinandersetze, desto mehr entgleitet die Vorstellung darüber, was das Lagerleben für den Einzelnen bedeutet hat. Ich meine weniger die Fakten, wie Hunger, Misshandlungen, das Zusammenpferchen in Viehwagen, Zwangsarbeit oder Todesdrohungen, sondern die Ungeheuerlichkeit der Entmenschlichung: der »Seelenmord«, wie es Niederland (1980) nennt. Das Buch »Atemschaukel« der Literaturnobelpreisträgerin Herta Müller (2009) oder die »Erzählungen aus Kolyma« von Warlam Schalamow (2009) lassen erahnen, was im Innern der Menschen angerichtet wurde. Schalamow, der Jahre in russischen Lagern in der Region Kolyma verbrachte (Lagern, die man »Auschwitz ohne Öfen« nannte), schildert in seinen Geschichten die Tragödie, welche den Inhaftierten widerfuhr. Seine These lautet: Im Gegensatz zu einem Gefängnisaufenthalt, an dem ein starker Mensch wachsen könne, zerstören Lager wie Auschwitz alles Menschliche und kehren das Schlechteste der eigenen Kreatur hervor. Innerhalb von wenigen Wochen verlieren die Inhaftierten alles, was sie punkto Humanität auszeichnet: Denken, Mitgefühl, Rücksichtnahme, ja Angst vor dem Tod … Zurück bleibt ein Wesen, ein Tier, das instinktiv versucht, sich am Leben zu erhalten. Hat man einmal das Lager überlebt, möchte man dies alles vergessen.

»Ich erschrak angesichts der furchtbaren Kraft des Menschen – dem Wunsch und der Fähigkeit zu vergessen«, formuliert der Ich-Erzähler in der Erzählung »Der Zug«: »Ich erkannte, dass ich bereit war, alles zu vergessen, zwanzig Jahre aus meinem Leben zu streichen. Und was für Jahre! Als ich das begriff, hatte ich mich selber besiegt. Ich wusste, ich würde es meinem Gedächtnis nicht erlauben, all das zu vergessen, was ich gesehen hatte.« (Schalamow 2009, S. 313)

Selbst wenn jemand in die ursprüngliche Umgebung zurückkehren konnte: Nichts war mehr wie vorher. Die Distanz zwischen sich und den anderen, welche keine, weniger, mehr oder andere Gräuel erlebt hatten, schuf eine tiefe Kluft. Zumal in der ersten Zeit »danach« der kollektive Wiederaufbau die individuelle Aufarbeitung in den Schatten stellte. Man war mit dem Aufheben der Scherben beschäftigt. Das gebrochene Verhältnis zu Staat, Kirche und Gesellschaft drückte zwar überall durch, wurde jedoch selten thematisiert.

»Zu Hause angekommen, hatte ich anfangs die größten Schwierigkeiten, mich an eine Atmosphäre zu gewöhnen, die keinen ständigen Überlebenskampf forderte. Mein Befinden war wohl dem Gefühl eines Tauchers ähnlich, der zu schnell an die Oberfläche kommt. Ganz besonders schlimm war für mich der Anblick der leeren Bücherregale. Meine Mutter hatte alle meine politisch links ausgerichtete Literatur vernichtet. Die anderen klassischen und belletristischen Werke – allein zu meiner Bar Mitzwa[23] hatte ich eine große Anzahl von Büchern geschenkt bekommen – hatte meine Mutter verkaufen müssen, um für sich und meine Schwester Lebensmittel einzukaufen.« (Kössler G., Rieber A. & Gürsching F. 1993, S. 43)

Auch die ausgewanderten, vertriebenen oder nach dem Krieg emigrierten Menschen trugen schwer an ihrem Schicksal:

»Obwohl ich froh war, der Verfolgung entronnen zu sein, war es für mich doch eine Entwurzelung, die nicht leicht zu verkraften war.« (Kössler G., Rieber A. & Gürsching F. 1993 S. 43)

Wahrheitssuche und Weiterführendes

Wie schafft es ein Überlebender solcher Gräueltaten, wieder Fuß zu fassen? Für Unbeteiligte ist es kaum zu ermessen, was diese Leistung bedeutet, welche ungeheure Anstrengung dahintersteckt. Deshalb empfinde ich gegenüber Marton Stark einen tiefen Respekt!

Nach Heinz Stefan Herzka, einem bekannten Schweizer Psychologen, liegt der Schlüssel zu einer heilsamen Integration des Erlebten im Finden der Wahrheit, möge sie noch so unbequem und schrecklich sein. Hinzu kommt die Anerkennung des Geschehens – ein Prozess, der nicht nur durch die Betroffenen selbst, sondern auch durch die Mitmenschen zu erfolgen hat. Bei diesen Aussagen realisiere ich, was Elise Welti mit ihrer Anregung, ein Tagebuch in der Rückblende zu schreiben, bewirkt hat.

Ein neuerer Zweig in der Medizin und Psychologie beschäftigt sich mit der Frage, wie ein Leben trotz belastender Ereignisse, speziell in der Kindheit, erfolgreich gemeistert werden kann. In diesem Zusammenhang entstand der Begriff »Resilienz«. Darunter versteht man die persönliche Widerstandsfähigkeit angesichts traumatischer Erlebnisse (Opp et al. 1999; Werner & Smith 2001; Fröhlich & Rönnau 2009; Welter & Hildebrand 2010). Zwei zentrale Bewältigungsfaktoren konnten ermittelt werden: 1. die stabile und emotionale Bindung zu mindestens einer anderen Person, 2. die Überzeugung, dass man eine sinnvolle Aufgabe zu erfüllen hat. Erneut kommt mir Elise Welti in den Sinn, die ihre Hand ausgestreckt und über Jahre hinweg den Kontakt mit Marton Stark gepflegt hat.

In meinen Gesprächen mit Marton Stark wird deutlich, was ihn motiviert hat: eine Familie und Kinder zu haben! Das Weiterführen der Familiengeschichte ist der wahre Triumph über die Vernichtungsabsichten der Täter. Das Vermächtnis der eigenen Eltern, die in der Gaskammer umkamen, lebt in den Kindern und Enkeln fort. In diesem Zusammenhang zitiert Frankl den Philosophen Friedrich Nietzsche: »Wer ein Warum im Leben hat, erträgt fast jedes Wie.«

Allerdings kann einen dieses Vermächtnis auch belasten. Insbesondere die Kinder der Verfolgten, die zweite Generation der Überlebenden, tragen schwer daran. Im Falle von Marton Stark wussten die Söhne und Töchter lange Zeit nichts von der Vergangenheit ihres Vaters. Erst 1978 gelang es Marton, darüber zu sprechen – durch einen Anstoß von außen. Er trat in der Folge nicht nur vor Schulklassen auf, sondern äußerte sich auch in einem Zeitungsinterview. Seine Kinder zählten zu diesem Zeitpunkt 26 Jahre (Larry), 23 Jahre (Jerry), 16 Jahre (Batya) und 13 Jahre (Debra).

Los Angeles Times

He seldom mentioned his experience in concentration camps to his children. He thought it would harm them emotionally. He did not want them to grow up with hatred. He did not talk about the Holocaust to anyone; he did not let himself think about it … [Marton Stark says:] »What have we accomplished? What is our purpose after having gone through what we've gone through? The only thing that is worthwhile is bringing up the children in a way I remember as very beautiful, to rebuild and to know the children would go on in the same way. If there is no continuation, then what purpose does life make?«

His son Larry, the child with whom he has the most conflict and alienation, summarizes that story of his father's life choices like this: »It's coming to a point where it's obvious that if he does not discuss his experience for 25 years with his kids, probably not with anyone, it's obvious, most would agree, he sublimated it. Our relationship became one of involving me in my father's sublimation which was primarily rooted in the synagogue and his business. Had it not been for the war, my father could easily be living in a shtetl existence in Romania. He tried to resurrect that shtetl existence in Beverly Hills centring around the Beth Jacob stoeble. Despite the fact it's Beverly Hills, it's a steoble, a sociologically encompassing community.« Larry Stark does not have much uses these days for his father's business or the synagogue. He is critical of his father for having maintained such a silence about the Holocaust, but he has little interest now in knowing much about it. »I don't think it's central to the issues at hand«, he said. »It's not fundamental. I know the details. For what benefit would it be if I visualized it or personalized it?« He speaks of the Holocaust impersonally. He intellectualizes when he talks of it and puts as much distance between himself and it as he does the Crusades or the Spanish Inquisition. Why shouldn't he, he defends himself. He was given no other way to relate to it but an historical perspective. Larry attended Columbia for three years. He has worked off and on with his father and parries at first when asked what he does now. »I survive«, he said, followed by, »I'm the Count of Monte Cristo living in exile in Bel Air.« He is, he said later, looking more for a life style than being adroit for »the man«. His glibness is only on the surface. He is obviously doing much self-searching and the process seems to have given him little rest to date. To him, his father's absorption in the business was so all-compassing, he says, that as a child he was vying for attention with it. He said the only time he did spend with his father away from the business was when they went to the synagogue and that was an experience that bored him. He tends so see his father's attitude toward the business as that of an end it itself; that the man arrived in America with the sense that he had to make it. His father talks of it more a means to an end – that end being the family way of life he wanted to provide. He does not consider success in terms of business, but in terms of raising a family. Hearing of such attitudes, and commenting on the different life style his parents now have, Larry Stark said, »The security he now has affords him the opportunity to be a different man.«

Marton Stark is certainly a different man to his daughters. The girls speak of him with great pride, glowingly almost, and he, in turn, delights in them. Batya is a senior at Beverly Hills High, Debra is at Rambam Orthodox high school. Both girls accept their religious heritage wholeheartedly. They are proud of the fact their father survived the Holocaust, and they are protective of his feelings about it. »I'd come home from school and ask questions,« Batya said. »There were probably answers, but I did not want to hurt him. We've kind of learned of it in pieces. You put it together. You imagine what it was like – searching for old relatives, trying to build up people in place of relatives.« The girls both expressed a sense of obligation regarding the Holocaust, which they expressed with enthusiastic idealism. »I still feel like I'm not doing it justice,« Debra said. »I should be remembering it more. We have to tell our kids or who is going to pass it on?« Batya is an admirer of Simon Wiesenthal, the Nazi hunter. She wrote a paper on him for school and said she would like to go hunt Nazi criminals. That sounds like schoolgirl enthusiasm, and she seemed aware of that, adding, »I'm not just saying this. But I keep thinking it may be too late.« The girls were born a decade later than their brothers. Marton Stark acknowledges that probably made a difference. »In the first decade there was the struggle of making a living, raising a family, making adjustments. There was the fear, would I be able to cope? In the second decade life was more comfortable. The girls had more affluence. We could be freer, more mellow. There was more time to devote to family and social activities – being involved in the various schools and temples.«

Jerry Stark grew up in the first decade, too, but he was not the first born. His perception of many things is similar to his brother's, but his attitude is different. »I'm just not a person who dwells,« he said. »I'm more lenient on my parents because I understand what they went through. But of course there are problems.« Jerry lived in Israel for four years, studying Arabic in Tel Aviv. He is in love with Israel, thinks often of going back, and is learning a trade so that he could work with his hands if he possibly someday went back. He is in the jewellery manufacturing business, in a building downtown near his father. »My father is a religious man. That stands out more than anything else,« he said, calling it a perfectly understandable choice considering his ordeal. »Orthodoxy is a beautiful family way of life. I enjoyed growing up with it in my youth. I greatly enjoyed in my youth, the dance, the spirit, the destiny.« His father wanted to give his children that religion, Jerry Stark said, but he also shared with them something of his love for the freedom he encountered in this country. »He gave me the freedom of seeing everything; doing everything and I'm glad he was like that.« The religious upbringing which of course is made out of choice is something which he feels has been held over his head, especially the extra-ordinary significance it has to his parents. »They can't help but try to convey the guilt,« he said of survivors. »It's not something they try to do consciously. They want the child to make amends, to keep the light going, to fulfil promises they made to their parents. In terms of promises to his parents, I have said to him, ›You have kept your promise. You've fulfilled it.‹«

Los Angeles Times, December 1st, 1978, Part IV page 12-14

Das Böse, oder was

meint die Wissenschaft

Der Holocaust gehört zu den am besten erforschten Themen der jüngsten Geschichte. Die Zahl der Publikationen (eher Erklärungsversuche), das Unfassbare zu beschreiben, ist kaum zu überblicken. Dennoch wissen junge Menschen im Durchschnitt erschreckend wenig darüber. Ihre Eltern sahen in der Schulzeit den US-Spielfilm »Holocaust«[24] oder erinnern sich an die Erzählungen älterer Leute über die Mobilmachung, die Lebensmittelrationierungen, die Bedrohung durch Hitler sowie die alliierten Bombenabwürfe auf Basel und Schaffhausen. Die heutige Generation indes hat kaum noch Gelegenheit, mit Zeitzeugen zu sprechen.

Trotz oder gerade wegen dieser Informationsflut geht den meisten Jugendlichen das tiefere Verständnis für die Hintergründe ab. Laut einer Umfrage aus dem Jahre 2012 können 20% der jungen Deutschen den Namen »Auschwitz« nicht mehr zuordnen.[25] In der Schweiz dürfte die Zahl vermutlich noch höher liegen.

In diesem Teil dieses Buchs werden – stark verkürzt – die wichtigsten Theorien und Thesen zu möglichen Motiven der Täter und Täterinnen vorgestellt. Das Wissen um solche Phänomene ist umso relevanter, als die beschriebenen Mechanismen erschreckende Parallelen zu Vorkommnissen in der Gegenwart aufweisen: sei es der Jugoslawienkrieg 1991 bis 1999, der Abu-Ghuraib-Folterskandal im Irak (unter den Amerikanern, 2004) oder der Völkermord in Ruanda aus dem Jahr 1999. Wissen allein schützt uns nicht vor solchen Verfehlungen, die aktive Auseinandersetzung kann uns jedoch sensibilisieren sowie dazu beitragen, potenzielle Gefahren frühzeitig zu erkennen.

Wie ist es möglich, dass ...?

Eine Frage, die sich einem aufdrängt, wenn man sich mit den Jahrhunderte andauernden Judenverfolgungen beschäftigt, ist diejenige nach den Tätern, aber auch nach dem Heer an Helfershelfern und Mitläufern. Wer waren diese Menschen? Wie wurden sie zu Akteuren oder Beteiligten? Welcher Triebfeder entspringen die in Martons Tagebuch geschilderten Grausamkeiten? Wie kommt man dazu, anderen Menschen ihre Rechte, ihre Würde, ihre Existenzberechtigung abzusprechen? Leute, die man jahrelang gekannt hat, plötzlich als vogelfrei zu betrachten? Weshalb scheinen mit einem Mal alle ethischen und moralischen Schranken aufgehoben? Wo bleiben Respekt, Solidarität, Mitgefühl für den Nächsten? Wie werden aus Nachbarn plötzlich Unmenschen? Aus Dichtern und Denkern Richter und Henker?[26] Und nicht zuletzt: Wären wir selber davor gefeit, solche staatlich sanktionierten, propagandistisch animierten Gräueltaten zu begehen?

Die nachstehenden Ausführungen unternehmen den Versuch, das Unfassbare fassbar zu machen. Das Suchen nach Erklärungen, nach dem »Warum« bildet eine mögliche –

eher kognitive – Bewältigungsstrategie, um dem Chaos der Gefühle Herr zu werden. Ordnung in eine Welt zu bringen, die auf dem Kopf steht. Sich zu versichern, dass der Mensch so nicht sein kann. Dass man selbst nicht so ist.

Dieses Kapitel kreist um die Frage nach der Ursache. Es tut dies in einer Art Annäherung auf unterschiedlichsten Ebenen: von der historisch-soziologischen Betrachtungsweise über den individual-/massenpsychologischen Ansatz bis hin zu ökonomischen Überlegungen. Keine Theorie ist allgemein gültig, keine These einzig und allein richtig.

Die Banalität des Bösen

Beim Lesen des Tagebuchs von Marton Stark frage ich mich, was die Mehrheit der Deutschen gewusst und/oder toleriert hat. Wenn judenfeindliche Parolen auf Schaufenster gemalt, Ladenbesitzer enteignet, Mitbürger misshandelt, selbst Kinder, Alte und Kranke in Viehwaggons verladen und abtransportiert werden, kann das doch nicht verborgen geblieben sein. Walter Kempowski, ein deutscher Schriftsteller, selber Opfer von Naziverbrechen, ist diesem Sachverhalt nachgegangen. Er wollte von seinen Landsleuten wissen, ob sie Kenntnis von den Judenverfolgungen und Konzentrationslagern hatten. Seine Frage – »Haben Sie davon gewusst?« – ist gleichzeitig der Titel eines Buches, in dem er über 300

Antworten sammelte und veröffentlichte. Nachfolgend seien einige Beispiele zitiert (Kempowski 1999):

»Ich wusste es! Ich habe in Berlin studiert, und wenn man die Augen aufmachte, dann merkte man das …« (Hausfrau, S. 91)

»Man hat manchmal auf den Bahnhöfen Züge gesehen, Waggons mit Schlitzen. Da konnte man Menschenköpfe sehen. Man hat's gesehen, es hat einen geschaudert.« (Hausfrau, S. 100)

»1942, als ich Rekrut war, hatte ich einen Kameraden aus Lietzmannstadt, jetzt Lodz, sein Vater war Ortsgruppenleiter, und der erzählte ganz lapidar, dass man im Lietzmannstadt-Ghetto aus Juden Seife machte. Es ist heute unfassbar, dass man das so einfach zur Kenntnis nahm.« (Buchhändler, S. 82)

»Als ich acht Jahre alt war – ich bin aus Dithmarschen –, kam ein Mann auf Urlaub, und er erzählte, das sei gar nicht so einfach, die Menschen zu sortieren, die Frauen links, die Männer rechts, und die Kinder da drüben hin. Und dann: ›Ausziehen! – De Strümp herhen, de Büxen dorthen!« Das sei schwer für ihn, wenn die dann nackend an die Grube treten und bumm! Und wenn dann die Kinder kämen und sagten: »Onkel, lass mich doch leben …‹ Dieser Mann bedauerte sich selbst mehr als die Menschen, die er durch Genickschuss tötete. Ich hab' das damals als Achtjähriger genau kapiert und jedes Wort behalten. Es war eine Mischung von Sensationsgier und Angst.« (Drogist, S. 83)

»Dass es KZs gab, haben wir erfahren, als es mit den Russen losging, 1941, und da haben wir erfahren … da ging es los mit dem Judenstern, und da wusste ich nach dem Bescheid. Sie bekamen eine kleine Zeit, sie sollten ihre Grundstücke verschenken oder was, das Geld abliefern. Das waren so Verordnungen für die Juden. Die wurden, möchte ich sagen, so gut und gerne ein bisschen ausgeplündert. Wir haben uns aber nicht dafür interessiert, und mein Vater sagte, dass die machen, was sie wollen: ›Steck deine Nase da nicht hinein, das hat keinen Wert, wir sind keine Politiker, wir machen unsere Pflicht, wir haben auch genug zu tun.‹ – ›Hast auch vollkommen recht, ich denke nicht daran …‹« (Landwirt, S. 88)

Furcht vor Repressionen, Desinteresse, Selbstmitleid und Egoismus, aber nicht Unwissenheit haben laut diesen Aussagen dominiert. Trotz bekannter Vorfälle fühlte sich die große Mehrheit nicht veranlasst, etwas zu unternehmen. Wie wenn es nichts mit ihnen, mit ihrem Leben zu tun gehabt hätte.

Erschreckender als die Gleichgültigkeit der Allgemeinheit erscheint die Gefühlskälte der Täter. Das fehlende Unrechtsbewusstsein irritiert und verstört. In einem Dokumentarfilm über Auschwitz (Rees 2005) werden ehemalige

KZ-Lageraufseher 60 Jahre nach Kriegsende interviewt.
Man erkundigt sich nach ihren Gefühlen und Motiven.
Alles ältere Herren, unauffällig, keine Monster. Im Gegenteil, sie wirken sympathisch, nichts Besonderes. Bis sie zu
sprechen beginnen:

Interviewer:

>*Was haben Sie empfunden bei den Massenerschießungen?*«

SS-Soldat Hans Friedrich:

>*Nichts – ich habe nur überlegt, ziele vorsichtig – das war
meine Überlegung.*«

Michael Kabác, Slowake Gardist bei den Hlinke[27]:

Ein älterer freundlich scheinender Herr beginnt zu erzählen, wie er Juden vor der Exekution noch Wertgegenstände abnahm, lacht (in Erinnerungen daran) amüsiert los:

>*Ich griff mir einige Kleidungsstücke und auch drei Paar
Schuhe – jeder holte sich, was er brauchte ... uns Gardisten
ging es gut!*«

SS-Soldat Gröning erzählt:

>*Es sind da Dinge passiert, dass ein Kind, was da nackt am
Boden lag, einfach am Bein gefasst wurde und wupp auf den
LKW geschmissen wurde, der es dann weggefahren hat. Und
wenn es geschrien hat, wie ein krankes Huhn eben, wurde sein
Kopf gegen die Kante des LKW geschlagen, bis es ruhig war.*«

SS-Soldat Gröning weiter:

>>Wir waren der festen Überzeugung, das war unsere Weltanschauung, wir Deutschen sind im Grunde betrogen, rings von der Welt, und das ist eine große Verschwörung des Judentums gegen uns.<<

Interviewer:

>>Aber bei den Kindern ist doch spätestens der Punkt erreicht, die können einem doch gar nichts getan haben ...<<

SS-Soldat Gröning:

>>Die Kinder sind im Moment noch nicht der Feind, der Feind ist das Blut in ihnen, der Feind ist das Nachwachsen zu einem Juden, der gefährlich werden kann. Deswegen sind die Kinder mit einbezogen.<<

Interviewer:

>>Tut es Ihnen nicht leid, dass Sie ein angenehmes Leben in Auschwitz führten, während Millionen umkamen?<<

SS-Soldat Gröning:

>>Absolut nicht, jeder ist sich selbst der Nächste, und es sind so viele Leute umgekommen, nicht nur Juden. Es ist im Krieg so viel passiert, es sind so viele erschossen worden, es sind so viele verbrannt, wenn ich daran denken würde, würde ich keine Minute länger leben wollen.<<

Liegt in dieser letzten Antwort eine gewisse Einsicht? Würde man sich als Täter seinen Taten stellen, bliebe nur noch der Suizid als Ausweg? Wird deshalb ausgeblendet und negiert, was einem Schuldeingeständnis gleichkommt? Wäre die Konfrontation mit der Wahrheit nicht auszuhalten? Oder verhält es sich ungleich banaler, wie die erste Antwort auf die Frage nach den Gefühlen nahelegt? »Nichts – ich habe nur überlegt, ziele vorsichtig – das war meine Überlegung.« Was geht in den Tätern vor? Nichts?! Kein Unrechtsbewusstsein, keine Scham, keine Reue, kein Mitgefühl – einfach nichts?

Während Ungeheuerliches geschieht, bleiben die Täter unempfindlich, und die Opfer damit beschäftigt, zu überleben oder (bei einer subtilen Diskriminierung) zu rechtfertigen, was ihnen geschieht.

Hanna Arendt, die deutsch-jüdische Philosophin, prägte für die Täterbeschreibung den Begriff »die Banalität des Bösen«. Als Beobachterin des Prozesses gegen den prominenten Naziverbrecher Eichmann konstatierte sie: »Das Beunruhigende an der Person Eichmanns[28] war doch gerade, dass er war wie viele und dass diese vielen weder pervers noch sadistisch, sondern schrecklich und erschreckend normal waren. Vom Standpunkt unserer Rechtsinstitutionen und an unseren moralischen Urteilsmaßstäben gemessen, war diese Normalität viel er-

schreckender als all die Gräuel zusammengenommen …«
(Arendt 2009, S. 400)

Ein 2007 entdecktes privates Fotoalbum von Karl Hö-
cker, Adjutant des Lagerkommandanten von Auschwitz,
illustriert die erschreckende Normalität der Täter. (www.
ushmm.org/research/collections/highlights/auschwitz)

Auf den Bildern wird gelacht, gefaulenzt, geschäkert,
ja ein Familienleben mit Kindern, Frauen und Haustieren
gepflegt. Man findet Aufnahmen von Rudolf Höss, dem
Lagerkommandanten, sowie Josef Mengele (er ging wegen
grauenvoller medizinischer Experimenten an KZ-Insassen
in die Geschichte ein). Die beiden wirken entspannt, ge-
löst, gutgelaunt. Vergeblich sucht man in den Gesichtern
nach Anzeichen von Zweifel, Skrupel oder Gewissensbissen. Nichts deutet darauf hin, dass das Geschehen nebenan,
der tägliche Tod von Tausenden sie belastet. Das Lagerleben bleibt den Tätern in angenehmer Erinnerung, wie
SS-Soldat Oskar Gröning (Rees 2005) anmerkt: »Es (das
Stammlager Auschwitz) war eine kleine Stadt mit seinem
Klatsch und Tratsch. Es war eine Stadt, die einen Gemü-
seladen hatte, wo man Knochen kaufen und nachher eine
Brühe fertigen konnte. Es gab eine Kantine, ein Kino. Es
gab ein Theater mit regelmäßigen Vorführungen. Es gab einen Sportverein, in dem ich auch war. Es war Jubel, Trubel,
Heiterkeit, wie eine Kleinstadt.« Zur Erinnerung: Auschwitz war gleichzeitig die größte je existierende Todesfab-
rik. 1,1 Millionen Menschen wurden dort vernichtet, darunter 200'000 jüdische Kinder.

»Ein magerer pockennarbiger SS-Mann schaut ruhig hinein, schüttelt angewidert den Kopf, umfasst uns mit einem Blick und deutet auf das Wageninnere. ›Rein. Säubern!‹ Wir springen hinein. In den Ecken, zwischen Kot und verlorenen Uhren liegen erstickte, totgetretene Säuglinge, nackte Monster mit riesigen Köpfen und aufgetriebenen Bäuchen. Wir tragen sie hinaus wie Hühner, zwei in jeder Hand … Zwei andere tragen ein Mädchen herbei, das nur noch ein Bein hat; sie tragen es an den Armen und dem einen Bein. Tränen laufen ihm über das Gesicht, kläglich flüstert es: ›Meine Herren, das tut weh.‹ Man wirft es zu den Leichen. Es wird mit ihnen verbrannt, bei lebendigem Leib.« (Borowski 2008, S. 206 ff.)

Den Erzählung von Tadeusz Borowski, einem polnischen Schriftsteller und Häftling, der Auschwitz überlebte, verdanken wir die wohl verstörendsten Schilderungen aus der Sicht eines Betroffenen. Der Kontrast zwischen der beschworenen Kleinstadtidylle, den Erinnerungsfotos der Nazis und der Realität der Häftlinge ist eklatant.

Einzelnen Menschen gelingt es offenbar, ein liebevolles Familienleben zu pflegen und parallel dazu Leute zu quälen, zu foltern. Ob dabei ein Teil abgespalten oder eine heile Welt als bewusstes Gegenszenario inszeniert wird, sei dahingestellt.[29] Die Beobachtung führt uns zur Ausgangsfrage zurück: Sind Menschen von Natur aus abscheulich oder werden sie zu dem gemacht? Ist das Böse in uns drin oder wird es von außen an uns herangetragen? Entspricht Herrschaft mittels Gewalt unserem Wesen oder werden wir dazu angeleitet? Genetik oder Umwelt, Anlage oder Erziehung, ererbt oder erlernt? Eine kontrovers diskutierte Frage, welche speziell nach kollektiven Gräueltaten jeweils neu aufgeworfen wird.[30]

Deutsche Armeeangehörige
in Auschwitz (United States'
Holocaust Museum)

Sozialisation und Propaganda

Hinweise zum Werte- und Sozialgefüge im Vorfeld der Weltkriege gibt der Regisseur Michael Haneke (2009). In seinem Film »Das weiße Band« zeichnet er ein eindrückliches Sittengemälde Deutschlands:

»Er zeigt den feudalen und rigorosen Absolutheitsanspruch eines Gutbesitzers; die Scheinheiligkeit des Dorfarztes, der nicht nur mit der Dorfhebamme eine ausbeuterische Affäre unterhält, sondern auch seine Tochter befingert; die wahnhafte Strenge des evangelischen Pfarrers, der seine Kinder zu äußerlich angepassten, innerlich verkrüppelten Monstern macht. In dieser Atmosphäre von Schuld, Bestrafung und Heuchelei verabsolutieren die Kinder die falschen feudalen und übersteigerten christlichen Werte ihrer Väter. Hier gibt es keine Nische für so etwas Schlichtes wie Liebe, Freude, Weichheit oder auch nur die kleinste Geste von Toleranz. Es sind die Gesichter der Kinder, die den Zuschauer auch nach dem Film noch verfolgen. Ihre verschlossenen Münder, verzweifelten Augen, ihr Flehen, ihre Härte und ihr nach aussen gewendeter Hass gegen alle, die nicht so deformiert sind wie sie selbst.« (Der Landbote 4.11.2009, S. 19, Karin Zintz)

Materielle Not, gnadenloser Gehorsam, Unterordnung, körperliche Züchtigungen und drakonische Strafen bestimmen das Zusammenleben der Familien wie der Dorfbewohner. Gefühle haben in einem solchen Umfeld kei-

115

nen Platz, sie werden unterdrückt und abgespalten. Die Auswirkung zeitigt weitreichende Konsequenzen. Der Chefarzt einer Psychotherapeutischen Klinik in Halle, Joachim Maaz, schildert das Phänomen in seinem Buch »Der Gefühlsstau« (1992). Er bezieht sich dabei auf das repressive System der ehemaligen DDR. Für das Überleben und gesunde Heranwachsen eines Menschen ist es notwendig, dass seine angeborenen Grundbedürfnisse – hierzu gehören u.a. Zuneigung, Fürsorge, Nächstenliebe – befriedigt werden. Geschieht dies in einem unzureichenden Maß, entstehen Unzufriedenheit, Anspannung, Gereiztheit und Angst. Um sich zu entlasten, reagiert der Mensch emotional (eine naheliegende Ausgleichshandlung). »Wird ihm aber auch das Fühlen untersagt, so entsteht ein Gefühlsstau mit weitreichenden Folgen. Der chronische Mangelzustand wächst sich zur Grunderfahrung von Unsicherheit, Minderwertigkeit, Misstrauen und Hoffnungs- und Sinnlosigkeit aus.« (Maaz 1992, S. 59) Ein Mensch, welcher an einem Gefühlsstau leidet, wird abhängig und autoritätssüchtig, da er seiner Natur systematisch entwurzelt und entfremdet wurde. Zur Lebensorientierung und teilweisen Befriedigung braucht er fortan fremde Führung. Externe Vorgaben und Leitlinien bilden den einzigen Halt. »So wird er seine eigene Innenorientierung weitgehend verlieren und die Werte und Maßstäbe der Umwelt übernehmen.« (Maaz 1992, S. 70)

Die Thesen von Maaz erklären die Gefühlskälte von Tätern und Mitläufern. Sie zeigen überdies auf, dass derart zurechtgebogene Menschen auf Führerfiguren angewiesen sind. Dies macht sie anfällig für Extremismus, Aufhetzung und Manipulation. Die Propagandamaschinerie des damaligen deutschen Reichsministers Joseph Goebbels erwies sich denn auch als wichtiges politisches Instrument bei der Verbreitung des Nationalsozialismus. Goebbels beherrschte (nach der Gleichschaltung der Massenmedien) das offizielle geistige und kulturelle Leben. Er prägte und verbreitete das antisemitische Gedankengut wesentlich. Sein Aufruf »Wollt ihr den totalen Krieg?«, beantwortet mit ekstatischem Jubel der Zuhörer im Sportpalast, gehört zu den bekanntesten Beispielen einer ideologischen Inszenierung. Nicht minder eindrücklich ist der Film »Triumph des Willens«, in welchem die umstrittene Regisseurin Leni Riefenstahl den Führer am Parteitag der NSDAP verherrlicht. Noch heute kann man sich der Faszination dieser bombastischen Kundgebungen nur schwer entziehen.

Propagandistischer
Aufmarsch am Parteitag
der Nationalisten in
Nürnberg, 1935 (Dokumen-
tationszentrum Reichspar-
teigelände, Nürnberg)

Die Ungleichheit der Menschen wurde unablässig gepredigt, wissenschaftlich begründet und emotional geschürt. Daraus abgeleitet, folgerte man, dass die Höherwertigen (die Arier) durch das Minderwertige (die Juden, Kommunisten, Zigeuner und geistig Behinderten) bedroht und geschädigt würden. Die äußerliche Abgrenzung wurde als Überlebenskampf dargestellt, die entsprechende Doktrin von vielen verinnerlicht. Entlarvend nimmt sich dabei die Rhetorik der Nazis aus:[31] Da ist von »Rassenschande« die Rede – bei Heiraten zwischen arischen und jüdischen Bürgern. Der Massenmord von jüdischen Kindern, Frauen und Männern wird als »Endlösung« bezeichnet. Exekutierte Juden verbucht man als »Vernichtungserfolg«. Russische Kriegsgefangene sind »Untermenschen«. Geistig und körperlich behinderte Mitbürger gelten als »unwertes Leben, das tiefer steht als jedes Tier«, deshalb müssen sie vergast werden. Die Indoktrinierung macht auch vor den Schulen nicht halt. In einem Rechenbuch für Mittelschulen findet sich folgende Aufgabe:

»Der jährliche Aufwand des Staates für einen Geisteskranken beträgt im Durchschnitt 766 Reichsmark, ein Tauber oder Blinder kostet 615 Reichsmark, ein Krüppel 600 Reichsmark. In geschlossenen Anstalten werden auf Staatskosten versorgt: 167'000 Geisteskranke, 8300 Taube und Blinde, 20'600 Krüppel. Wie viel Millionen Reichsmark kosten diese Gebrechlichen jährlich? Wie viele erbgesunde Familien könnten bei 60 Reichsmark durchschnittlicher Monatsmiete für diese Summe untergebracht werden?« (Benz 1992, S. 20)

Aus heutiger Sicht ist eine solch öffentliche Verrohung kaum mehr nachvollziehbar. Eine mögliche Erklärung für diese von einer Mehrheit akzeptierten Ungeheuerlichkeiten ist die schleichende Veränderung im Alltag. Die Metapher vom Frosch im heißen Wasser illustriert das Phänomen plastisch: Sitzt ein Frosch im kalten Wasser, das langsam erhitzt wird, wird er darin umkommen. Er hat sich an die langsame Veränderung gewöhnt und zu spät realisiert, dass er sich in einer tödlichen Falle befindet. Wird der Frosch hingegen in siedendes Wasser geworfen, rettet er sich unter dem Eindruck des Hitzeschocks mit einem Sprung aus der Todeszone. Politische Ungeheuerlichkeiten beginnen oft im Kleinen. Man gewöhnt sich an einen schleichenden Prozess der Diskriminierung, insbesondere wenn andere davon betroffen sind (oder man sich dadurch über sie erheben kann). Im Windschatten dieser Gleichgültigkeit gedeiht ein stetig wachsendes Unrecht – bis es für eine Umkehr zu spät ist. Bürokratie sowie ein autoritäres Erziehungs- und Staatssystem tragen das ihre zu dieser Verantwortungsdiffusion bei. Sie erlauben dem Einzelnen, sich aus der Verantwortung zu stehlen. »Man hat lediglich Befehle ausgeführt. Getan, was andere angeordnet/entschieden haben.« Die Orientierung an der sogenannten »Mehrheit« hilft dem Individuum, sich in der Gruppe zu verstecken. Man war ja gezwungen, in der Herde mitzulaufen, um nicht niedergetrampelt zu werden ...

Rassismus und Antisemitismus

Unter »Rassismus« im engeren Sinn versteht man eine gesellschaftliche Praxis, die Menschengruppen wegen ihrer Herkunft oder Hautfarbe benachteiligt. Es geht dabei um die Postulierung einer fundamentalen Ungleichheit zwischen den Menschen, wobei klar zwischen Eigen- und Fremdgruppe unterschieden wird. Tatsächliche oder fiktive Unterschiede zwischen den Gruppen werden zum Vorwand genommen, sich (gegenüber der als minderwertig abgestuften Fremdgruppe) in Worten und Taten zu distanzieren, Privilegien und Aggressionen herauszunehmen bis hin zu Hetze und Vernichtung. Weitere Kennzeichen: Die Mitglieder der Fremdgruppe werden wiederkehrend diffamiert, ihre Existenzberechtigung negiert, sie müssen als Sündenböcke für soziale und ökonomische Konflikte herhalten.

Handelt es sich bei der Fremdgruppe um Juden, spricht man von »Antijudaismus«. Der Antisemitismus (der breitere Begriff, vgl. Glossar) kennt eine lange Geschichte. Historisch gesehen geht er bis auf das Mittelalter zurück: Juden galten als »Christusmörder« und wurden deswegen regelmäßig verfolgt. Typisch in diesem Zusammenhang ist, dass die Fakten irrelevant waren. Nicht die Juden haben Jesus hingerichtet, sondern die Römer unter Pontius Pilatus. Die Juden eigneten sich als Sündenböcke, weil sie durch die Heirat untereinander eine relativ homogene

Gruppe bildeten, welche man aufgrund ihrer kulturellen Gebräuche einfach identifizieren konnte. An vielen Orten war es den Juden untersagt, Land zu erwerben. Letztlich blieb ihnen keine andere Einnahmequelle als das Geld-/Kreditwesen; zumal ein kirchliches Verbot den Christen im Mittelalter die Tätigkeit als Bankier oder Pfandleiher untersagte. Man wollte sich nicht mit diesen Dingen die Hände schmutzig machen, gleichwohl jedoch nicht auf die damit verbundenen Dienstleitungen verzichten. Aus dieser Diskrepanz heraus entstand der Stereotyp des »geldgierigen Wucherers« in der Gestalt des Juden. In wirtschaftlich guten Zeiten wurden die Juden in Ruhe gelassen bzw. geduldet. In wirtschaftlich schwierigen Zeiten kam es vielerorts zu Judenverfolgungen – nicht zuletzt auch darum, weil man sich dann ungestraft (gesellschaftlich sanktioniert) an ihrem Hab und Gut bereichern, zum Teil auch seiner Schulden entledigen konnte.

Der Antisemitismus mag dazu beigetragen haben, dass sich insbesondere Juden außerhalb Deutschlands nicht rechtzeitig vor der Vernichtungspolitik der Nazis in Sicherheit gebracht oder gewehrt haben.[32] Sie waren über Jahrhunderte gewöhnt, für alles Negative verantwortlich gemacht zu werden. Die Ressentiments durch die deutschen Besatzer und ihre Verbündeten waren in diesem Sinne nichts Neues. Die ungeheuerliche Konsequenz und Grausamkeit der Nazis überstieg indes das Ausmaß der bisherigen Erfahrungen (auch der Vorstellungskraft hinsichtlich dessen, was Menschen einander antun können). So wurde die »braune Gefahr« vielerorts unterschätzt, bis es zu spät war.

Gesellschaftsgeschichtliche Hintergründe

Das ausgehende 19. Jahrhundert war in Westeuropa durch große soziale Umwälzungen gekennzeichnet. Im Zuge der Industrialisierung wie des Niedergangs des Feudalismus verarmte der Adel. Städte entstanden, neue Gesellschaftsschichten traten auf, unter ihnen viele Fabrikarbeiter und ihre Familien. Sie mussten unter härtesten Bedingungen (Hygiene, Sicherheit, Ernährung) bis zu sechzehn Stunden am Tag schuften. Die Industrialisierung forderte einen erhöhten Finanzbedarf: Dies führte in einzelnen Fällen dazu, dass es in Geldangelegenheiten bewanderte jüdische Geschäftsleute zu einem gewissen Einfluss und Wohlstand brachten. Ein häufig zitiertes Beispiel ist das Bankhaus der Familie Rothschild.

Zur selben Zeit entstanden die modernen Nationalstaaten. Diese Veränderungen erzeugten soziale und ökonomische Konflikte. Es erstaunt daher nicht, dass die Verlierer des Wandels – die sozial und ökonomisch ohnehin Benachteiligten – Schuldige für ihre missliche Situation suchten und fanden. Fatalerweise kam ihnen dabei 1859 die Wissenschaft zu Hilfe, in Form der Evolutionstheorie des britische Naturforschers Charles Robert Darwin. In der Folge flammte unter dem Begriff des »Sozialdarwinismus«

eine verzerrte, einseitige Diskussion um die »Rechtfertigung des Starken zulasten des Schwachen« auf. Die Unterteilung in »wertes Leben« und »unwertes Leben« kursierte nicht nur in Deutschland, sondern in ganz Europa und den USA. Die Juden wurden im Zug dessen zur Zielscheibe von gesellschaftlicher Ausgrenzung. Die erste große Weltwirtschaftskrise 1857 heizte die Gerüchte über eine kapitalistische, jüdische Weltverschwörung zusätzlich an.

Als 1933 die Nationalsozialisten in Deutschland an die Macht kommen, kämpft das Land mit

- den Auswirkungen einer wirtschaftlich unstabilen Lage (steigende Arbeitslosenzahl, verbreitete Armut, sinkende Kaufkraft der Bevölkerung, Rückgang der Steuereinnahmen des Staates), hinzu kam die Weltwirtschaftskrise 1928, bei welcher Bankinstitute zusammenbrachen, vorübergehend schließen mussten oder in Zahlungsschwierigkeiten gerieten (= Bankencrash). Die industrielle Produktion ging auf die Hälfte zurück.

- den politischen und finanziellen Folgen des verlorenen Ersten Weltkriegs (Isolation, Gebietsabtretungen, hohe Reparationszahlungen).

Diese Komponenten erzeugten neben Existenzangst in breiten Bevölkerungsschichten Gefühle der Demütigung, Verunsicherung und Wut: ein idealer Nährboden für die rassistischen Agitation einzelner, ansonsten wenig beachteter Extremisten. Die unsicheren Zukunftsaussichten arteten in eine diffuse, subjektive Bedrohungseinschätzung aus:

»In dem Maße wie die Konjunktur sank, stieg die antijüdische Agitation, denn hier konnten vielfältige Ursachen auf eine einzige reduziert, abstrakte Prozesse mit einem konkreten Namen benannt werden, hier fand sich eine einfache Erklärung für komplizierte Zusammenhänge.« (Priester 2003, S. 147)

»Die Suche nach Schuldigen für die Krise wurde nach außen verlagert, auf Artfremde, Volksfremde, Religionsfremde, Blutsfremde, Rassenfremde.« (Priester 2003, S. 160)

Das Weltbild der Nationalsozialisten beruhte auf der Behauptung, dass Menschen radikal und unüberbrückbar verschieden (ungleich!) seien. Dabei wurde unterschieden zwischen »höherwertigen Rassen« (zu denen die Arier gehörten) und »niederwertigen Rassen« (zu denen die Juden zählten). Das abstruse Konstrukt verstieg sich darin zu verkünden, dass die Gruppe der »Minderwertigen« in einem unermüdlichen Kampf versuche, die Gruppe der »Hochwertigen« auszumerzen, indem sie diese unterwandere, um sich mit ihr zu vermischen; was längerfristig zum Verschwinden der hochwertigen Rasse führen würde. In einer derart gesehenen Welt gibt es dabei nur eine Losung: »Sie oder wir!«[33]

Die 1935 eingeführten Nürnberger Rassengesetze schufen die staatliche Legitimation wie auch eine gesellschaftlich akzeptierte Norm für die Unterscheidung zwischen »wertem« und »unwertem« Leben. Konkret bedeutete dies die Verhinderung der Vermischung von »Ariern« mit Juden, sei es durch Geschlechtsverkehr, Beziehungen oder Heirat. Nach Harald Welzer, einem deutschen Professor für Sozialpsychologie, bildete dies den Referenzrahmen für das Handeln von Tätern und Mitläufern. In seinem Buch »Täter – wie aus ganz normalen Menschen Massenmörder werden« legt er dar, welch weitreichende Folgen diese Unterscheidung hatte: Sie schuf eine Art »neue Moral«. Eine Mehrheit der Deutschen verstand sich tatsächlich als Angehörige einer bedrohten Herrenrasse. Sie handelten moralisch, wenn sie die Juden verfolgten. Letztlich ging es um das Überleben des eigenen Volkes. Da musste man hart gegen sich und die anderen sein. Hart sein gegen sich bedeutete: mitmenschliche Regungen und Mitleid mit den Opfern unterdrücken.

Als nach dem Krieg verschiedene Naziverbrecher angeklagt wurden, tauchte dieses Argument wiederkehrend auf. »Es war unsere Pflicht, die Juden zu vernichten, sonst hätten sie uns vernichtet. Wir hatten keine Lust am Töten, aber es musste getan werden.« In einem solchen Weltbild gibt es keinen Platz für Schuld oder Unrechtsbewusstsein. Das Volk orientierte sich an dieser Maxime, wurde zu Handlangern des Bösen, welche Krieg oder den Massenmord als eine Arbeit verstanden, die gemacht werden musste. Wie jede Arbeit, hatte auch diese ihre Sonnen- und Schattenseite. Man kann sie besser oder schlechter verrichten, vielleicht sogar zusehends effizienter. Die Täter verstanden sich als Arbeiter, die (wie unzählige andere auch) lediglich ihrer Pflicht nachkamen. Sie hatten nach 1945, als Kriegsverlierer, nie das Gefühl, etwas Falsches getan zu haben. Selbst wenn es sich im Nachhinein als falsch herausstellte, lag die Verantwortung bei der damaligen Führung. Man hatte sich an die geltenden Gesetze gehalten, mehr konnte man in dieser Zeit nicht verlangen. Die große Mehrheit der Täter, Helfershelfer und Mitläufer war auch nicht der Ansicht, unmoralisch gehandelt zu haben. Diese Auslegung erlaubte ihnen, das Vorgefallene abzuschließen, gut zu schlafen sowie in ein halbwegs normales Leben zurückzukehren – unbelastet von Gewissensbissen, Traumata oder schlechten Träumen:[34] Im Gegensatz zu den Opfern, welche entweder starben oder jahrzehntelang von den schrecklichen Ereignissen verfolgt wurden.

Hetzartikel gegen die
jüdische Bevölkerung in
der Parteizeitung »Der
Stürmer« der Nazis (Doku-
mentationszentrum Reichs-
parteigelände, Nürnberg)

Ökonomische Begründungen

Etwas Besseres oder Besonderes möchte jeder sein, insbesondere wenn man dafür noch belohnt wird! Aly Götz, ein deutscher Historiker, untersuchte das lange Zeit vernachlässigte Thema des legalisierten Raubes an den Juden zum Wohle der deutschen Volksgemeinschaft. Wie konnte dies geschehen? Wie konnte das deutsche Volk Eigentumsdelikte in großem Stil billigen, ja zulassen? Die Antwort ist so banal wie einleuchtend: Habsucht, Gier und Bereicherung einer großen Mehrheit auf Kosten von ohnehin Geächteten fegten allfällige Bedenken beiseite. Diese Einstellung trug auch dazu bei, die Augen zu verschließen vor dem einsetzenden Unrecht. »Hingeschaut und weggesehen« lautet der Titel eines Buches von Robert Gellately über Hitler und sein Volk. Es bringt diesen Sachverhalt kurz und knapp auf den Punkt: Die Nationalsozialisten schafften es mit ihren gigantischen Rüstungsprogrammen, dem vorgezogenen Bau von Autobahnen und nicht zuletzt durch die angezettelten Kriege, die Wirtschaftskrise in Deutschland zu überwinden. Für die Mehrzahl der jungen Deutschen bedeutete der Nationalsozialismus nicht Diktatur, Redeverbot und Unterdrückung, sondern das Ende der Arbeitslosigkeit sowie »den Beginn von Freiheit und Abenteuer«:

»Sie (die Familien der Soldaten) erhielten an die 85 Prozent dessen, was der eingezogene Soldat zuletzt netto verdient hatte. Die entsprechenden britischen und amerikanischen Familien bekamen im Vergleich weniger als die

Hälfte. Die Ehefrauen und Familien deutscher Soldaten verfügten nicht selten über mehr Geld als im Frieden, sie freuten sich über die nicht nur ausnahmsweise zentnerschweren Mitbringsel der Heimaturlauber und über die Feldpostpäckchen aus den besetzten Ländern.« (Götz 2005, S. 36)

»Auf der Basis eines umfassenden Raub- und Rassenkrieges sorgte der Nationalsozialismus für ein in Deutschland bis dahin nicht gekanntes Maß an Gleichheit und sozialer Aufwärtsmobilisierung. Das machte ihn populär und verbrecherisch. Das materiell üppige Sein, der indirekte, nicht persönlich verantwortete, doch gern genommene Vorteil aus den Großverbrechen bestimmte das Bewusstsein der meisten Deutschen vor der Fürsorglichkeit ihres Regimes. Umgekehrt bezog die Politik der Vernichtung daraus ihre Energie: Sie orientierte sich am Volkswohl. Das Ausbleiben eines nennenswerten inneren Widerstandes und der Mangel an späterem Schuldbewusstsein erklärt sich aus derselben historischen Konstellation.« (Götz 2005, S. 38)

Die abstrakte, theoretische Beschreibung ergänzt ein konkretes Beispiel: Im Jahre 1941 wurden in Hamburg auf Billigauktionen 100'000 Bietern (oder besser gesagt Bieterinnen, die Männer befanden sich großmehrheitlich im Krieg) geraubtes Beutegut aus Holland und Belgien angetragen. Wie es bei solchen Auktionen – namentlich in den proletarischen Vierteln – zuging, berichtete die Bibliothekarin Gertrud Seydelmann nach dem Krieg:

»Die einfachen Hausfrauen auf der Veddel trugen plötzlich Pelzmäntel, handelten mit Kaffee und Schmuck, hatten alte Möbel und Teppiche aus dem Hafen, aus Holland, aus Frankreich … Einige meiner Leser forderten auch mich auf, mich im Hafen mit Teppichen, Möbeln, Schmuck und Pelzen einzudecken. Es war das geraubte Eigentum holländischer Juden, die – wie ich nach dem Krieg erfahren sollte – schon in die Gaskammer abtransportiert waren.« (Götz, 2005, S. 154)

Die Weltwirtschaftskrise
der 1930er-Jahre führte zu
Massenarbeitslosigkeit und
Armut. Sie begünstigte
dadurch eine materielle
Verführbarkeit des deut-
schen Volkes. (Banknote
der deutschen Reichsbank,
Foto H. Bachmann)

Eine der bittersten Erfahrungen der Überlebenden von Konzentrationslagern war, dass kaum jemand an angemessene Wiedergutmachung oder Entschädigung dachte. Ehemalige Lagerinsassen berichteten, wie sie (vor allem in den von den Russen besetzten Gebieten) nicht in ihre vor dem Krieg bewohnten Häuser zurückkehren konnten (vgl. Rees 2005). Ihnen wurde dies verwehrt, weil die Profiteure ihrer Vertreibung sich davor fürchteten, das unrechtmäßig angeeignete Gut als solches deklarieren bzw. wieder hergeben zu müssen. So standen die Entehrten zusätzlich recht- und mittellos da. Diese Erfahrung musste auch Marton Stark machen, als er in den 1970er-Jahren nach Rumänien zurückkehrte, um den Wohnort seiner Kindheit zu besuchen. Als er an die Türe seines ehemaligen Elternhauses klopfte, verrieten Gesichter hinter den Gardinen, dass jemand zugegen war. Die Leute öffneten ihm jedoch nicht. Bei der Ausreise wurde dafür sein Reisegepäck stundenlang minutiös untersucht, weil die Zöllner glaubten, dass er einen im Zweiten Weltkrieg vergrabenen Familienschatz außer Landes bringen wolle.

Sozialpsychologische Ansätze

Die Frage, wie es zum Holocaust kommen konnte, beschäftigte auch die Wissenschaft. Speziell amerikanische Psychologen gingen der Frage nach, weshalb aus gewöhnlichen Bürgern Massenmörder werden konnten.

Im Nachgang zum Zweiten Weltkrieg führte man verschiedene Versuche durch, welche mittlerweile zu den berühmtesten der Psychologie überhaupt zählen. Nachstehend werden das Konformitätsexperiment von Solomon Asch, das Milgram-Experiment und das Standford-Prison-Experiment skizziert.

Das Konformitätsexperiment von Asch

Stellen Sie sich vor, dass Sie sich als Freiwillige oder Freiwilliger für ein Experiment zur visuellen Wahrnehmung melden. Ihre Aufgabe besteht darin, verschiedene Linien auf einer Wandtafel mit einer als Referenzgröße bezeichneten Standardlinie zu vergleichen. Außer Ihnen beteiligen sich noch zehn andere Teilnehmende an diesem Experiment. Alle sitzen zusammen im selben Raum. Die Aufgabe ist einfach: Sie sollen der Reihe nach laut mitteilen, welche Linien größer oder kleiner als die Standardlinie sind. Die Unterschiede sind derart deutlich, dass es für Sie überhaupt nicht schwierig ist, die Unterscheidung zu treffen. Doch plötzlich passiert etwas Unerwartetes – der erste Teilnehmer gibt eine aus Ihrer Sicht falsche Antwort. Der zweite Teilnehmer wiederholt das falsche Resultat und so weiter, bis Sie als Letzter an die Reihe kommen. Was Sie nicht wissen, ist der Umstand, dass alle Teilnehmenden außer Ihnen in das Experiment eingeweiht worden sind. Die anderen Personen wurden beauftragt, bewusst eine falsche Antwort zu geben und diese einer nach dem anderen zu wiederholen. Nur 20% der Probanden widerstanden dem Druck der Gruppe und blieben bei ihrer ursprünglichen Einschätzung. Das heißt, sie nannten am Schluss eine andere Antwort als diejenige der übrigen Teilnehmenden. Die große Mehrheit wiederholte wider besseren Wissens die falsche Antwort. Was war geschehen? Asch, der das Experiment 1946 zum ersten Mal durchführte, kommt zum Schluss, dass Menschen in Gruppen dazu neigen, sich der Norm der Gruppe unterzuordnen. Der Gruppendruck ist besonders wirksam

• in unklaren/mehrdeutigen Situationen,

• wenn die Attraktivität der Gruppenzugehörigkeit als erstrebenswert erachtet wird,

• wenn die Wahrscheinlichkeit, dass man auch in Zukunft miteinander zu tun hat, hoch ist.

Das Experiment von Asch wurde in unzähligen Variationen in den unterschiedlichsten kulturellen Settings wiederholt – immer mit einem ähnlichen Resultat: Handeln Menschen in Gruppen, lassen sie sich offensichtlich zu Verhaltensweisen hinreißen, die im Widerspruch zu ihrer eigenen Überzeugung stehen, nur um »dazuzugehören«.

Das Milgram-Experiment

Der amerikanische Forscher Stanley Milgram wollte 1965 mit seinem Experiment die Frage klären, ob Menschen – im Speziellen Amerikaner und Amerikanerinnen – dazu fähig sind, unter bestimmten Bedingungen zu Mitläufern oder Helfershelfern bei Gewaltverbrechen zu werden. Auch hier ist es am einfachsten, wenn Sie sich in die Rolle des Versuchsteilnehmers oder der Versuchsteilnehmerin hineinversetzen. Eine renommierte Universität führt Experimente zum Lernen durch und sucht hierzu Freiwillige. Sie erklären sich bereit mitzumachen. Ihnen wird von einem Forscher erklärt, dass es darum geht, Lernen unter Bestrafung zu untersuchen. Am Experiment, wird Ihnen versichert, nähmen ausschließlich Freiwillige teil, die nach dem Zufallsprinzip in Lehrer und Lernende eingeteilt worden sind.

Sie ziehen das Los, als Lehrer zu fungieren. Vor Ihnen ist ein Schaltpult aufgebaut, mit welchem Sie dem Lernenden im Nebenraum Stromstöße verabreichen können, wenn dieser auf Fragen falsch antwortet. Sie bekommen den Lernenden nicht zu Gesicht, können jedoch seine Stimme im Nebenraum gut hören. Der Versuchsleiter steht neben Ihnen und erteilt jeweils den Befehl, wann und in welcher Stärke Sie Stromstöße zu verabreichen haben. Was Sie nicht wissen, ist die Tatsache, dass der Lernende in das Experiment eingeweiht ist – und dass seine akustischen Reaktionen auf die scheinbaren Stromstöße lediglich gespielt sind. In Wirklichkeit wird kein Stromstoß verabreicht.

Nach anfänglich korrekten Antworten beginnt der Lernende plötzlich Fehler zu machen. Auf Geheiß des Forschers bestrafen Sie die Person im Nebenraum mit einem leichten Stromstoß. Mit zunehmender Fehlerzahl wird auch die Stromstärke erhöht. Ab einem bestimmten Punkt hören Sie Schmerzensschreie und vernehmen die Bitte, mit dem Experiment aufzuhören. Unsicher, wie Sie sich verhalten sollen, beginnen Sie mit dem Versuchsleiter zu diskutieren. Er scheint unbeeindruckt, weist Sie lediglich an weiterzufahren. Er droht Ihnen nicht, Sie sind freiwillig hier und könnten theoretisch jederzeit abbrechen. Doch die Mehrheit der »Lehrer« (über 60%) fährt mit den Stromstößen fort. Wobei die Instrumente auf der Schalttafel am Ende 330 Volt anzeigen: ein Wert, über welchem steht: »Achtung, lebensbedrohender Schock.« Was ist hier passiert? Offensichtlich genügt der Befehl einer Autoritätsperson, um normale Menschen dazu zu bringen, gegenüber anderen schrecklichste Taten auszuführen. Dieses Experiment wiederholte man ebenfalls in Variationen in unterschiedlichen Ländern: mit einem ähnlichen Resultat!

Der Versuch wurde im Nachhinein stark kritisiert wegen seiner Auswirkungen auf die Versuchsteilnehmenden. Viele kamen nicht damit zurande, dass es derart einfach war, sie zu einem Verhalten mit schrecklichen Konsequenzen für die vermeintlichen »Opfer« zu verleiten.

Das Standford-Prison-Experiment

Dieser Versucht geht zurück auf Philip Zimbardo, welcher ihn 1973 durchführte. Das wegweisende Experiment beschäftigt den Psychologen bis heute. Seine daraus gewonnenen Erkenntnisse veröffentlichte er 2007 in einem Buch mit dem Titel »Lucifer Effect – Understanding How Good People Turn Evil«. Wie sah seine Versuchsanordnung aus? Er suchte über Zeitungsannoncen junge Männer in Palo Alto, einer wohlhabenden Gemeinde in Kalifornien. Es meldeten sich vor allem Studierende der nahen Stanford University. Bevor sie am Experiment teilnehmen durften, mussten sie psychologische Tests absolvieren (um auszuschließen, dass sich unter ihnen psychisch labile oder zu Gewalt neigende Personen befanden). Es handelte sich bei der Versuchsgruppe also um durchschnittliche junge Männer, +/– 20 Jahre, unauffällig, mit einem guten Leumundszeugnis. Sie stammten eher aus wohlhabenden Familien mit einem guten Bildungshintergrund.

Die Probanden erhielten die Instruktion, dass es darum ginge, das Verhalten von Gefängniswärtern und Gefangenen zu untersuchen. Sie wurden aufgrund ihrer Wünsche in Gefangene und Wärter unterteilt; wobei die Gefangenen darauf hingewiesen wurden, dass sie mit ihrer Einwilligung eine Woche lang im Keller der Universität eingesperrt würden. Das Experiment sah vor, dass in den folgenden Tagen und Wochen alle Beteiligten versuchen sollten, ihre Rolle so gut wie möglich auszufüllen. Entgegen jeglichen Erwartungen wurde aus dem vermeintlichen Rollenspiel bittere Realität: Die Situation eskalierte dermaßen, dass das Experiment bereits am sechsten Tag vorzeitig abgebrochen werden musste: Die »Wärter« verwandelten sich innert kürzester Zeit in sadistische, gewalttätige Täter, welche ihre Opfer drangsalierten oder brutal misshandelten. Zimbardo beschreibt in seinem Buch, wie ihn die damaligen Erfahrungen an die Bilder aus dem berüchtigten Gefängnis in Abu Graib/Irak[35] erinnern. Er kommt zum Schluss, dass Macht korrumpiert. Einige wenige veränderte Rahmenbedingungen, die zu asymmetrischen Machtverhältnissen führen, in denen einigen alles und anderen fast nichts erlaubt ist, reichen aus, um aus normalen Menschen Täter zu machen. Situative Faktoren üben demnach einen stärkeren Einfluss aus als Erziehung und Persönlichkeit. Die Mehrheit der Menschen ist demzufolge nicht davor gefeit – wenn ihr die Gelegenheit geboten wird –, der Versuchung zu widerstehen, ungestraft Untaten an anderen zu begehen.

Interessierten Leserinnen und Lesern sei die Website von Zimbardo empfohlen. Sie enthält neben Details zu seinen Studien auch Hinweise dazu, wie man lernen kann, sich situativen Einflüssen weniger auszuliefern: www.lucifereffect.com.

Hilfsbereitschaft:

Die Umkehr des Auslösefaktors »Situation«

Situative Komponenten spielen auch beim umgekehrten Verhalten, bei der Hilfsbereitschaft bzw. beim Verhalten von Zeugen einer Straftat, eine entscheidende Rolle. Während man früher Leuten, welche verfolgte Juden unter Todesgefahr versteckt hatten, eine »altruistische Persönlichkeit[36]« unterstellte, geht die Forschung heute davon aus, dass die Umstände eine entscheidende Rolle spielten und die jeweiligen Personen »Handlungsspielräume wahrnahmen, wo andere keine sahen«. (Harald Welzer, DER SPIEGEL; Nr. 11/11. März 2013, S. 61) Der Flensburger Sozialpsychologe verweist in diesem Zusammenhang auf situative Bedingungen und »soziale Verpflichtungen«. Zu Ersterem zählt zum Beispiel, ob man sich als alleinigen Lebensretter sieht, auf den es nun ankommt; ob die Situation eindeutig ist; ob die hilfsbedürftige Person einen Schutzreflex auslöst, zum Beispiel ein Kind etc. Zum Zweiten gehört die Tatsache, dass ich als Handelnder Einfluss auf ein Geschehnis nehmen kann, gleichzeitig jedoch auch Aspekte der Verantwortung, des Gerechtigkeitssinns/Unrechtsbewusstseins oder der Moral – also ethische Komponenten – zum Tragen kommen.

Andere Untersuchungen, etwa zur Bereitschaft, Opfern eines Unfalls oder einer Gewalttat zu Hilfe zu eilen, rücken (neben dem Setting) Faktoren wie den Lebenslauf, den Beruf oder die Lebensumgebung in den Vordergrund. Ob jemand bereits in der Kindheit/Jugend Verantwortung übernehmen musste; ob er eine Tätigkeit ausübt, in welcher er viel mit Menschen zu tun hat; oder ob er auf dem Land wohnt,

wo die Struktur kleinräumiger
und die gegenseitige Abhängig-
keit ausgeprägter ist.

Quintessenz

Studiert man die verschiedensten Erklärungsansätze, sei-
en es geschichtliche und politische Konstellationen, Pro-
paganda, Gier und Habsucht, die Sozialisation in einem
gefühlsarmen, autoritären Erziehungssystem oder sozial-
psychologische Erklärungen, kommt man zum Schluss: Es
ist möglich: Alles ist möglich.

Das Ungeheuerliche wird nahezu banal ob seiner Be-
gründungen. Da gibt es nichts Mystisches, Einmaliges,
Abstraktes oder Abgehobenes. Die Ausführenden waren
keine Ungeheuer oder psychisch abnorme Personen, sondern ganz gewöhnliche Bürgerinnen und Bürger. Selbst
die trügerische »Hoffnung«, dass speziell die Deutschen
zum Genozid prädestiniert seien, erweist sich als falsch,
wie die neueste Geschichte zeigt:

1975 bis 1979 ermorden die Roten Khmer in Kambod-
scha über 1,7 Millionen ihrer Landsleute in Todeslagern
oder bei Zwangsarbeit.

1994 metzeln in Ruanda Angehörige der Hutu-Mehrheit innerhalb von 100 Tagen 800'000 Menschen der Tutsi-Minderheit mit Macheten nieder.

1995 werden innerhalb eines Monats im größten Massaker nach dem Zweiten Weltkrieg in Europa 8000 Bosniaken von Serben umgebracht. Nicht zu vergessen: Eine der ersten systematischen Vernichtungen des 20. Jahrhunderts, ausgeführt von den Türken an den Armeniern, ist bis heute von den Ersteren nicht als Völkermord anerkannt. Politisch sind solche Taten Vergangenheit, gesellschaftlich wirken sie lange nach. Damit zusammenhängende Auseinandersetzungen flackern nach Jahren wieder auf.

So unterschiedlich die Ursachen und Entstehungsgeschichten sein mögen, sie bestätigen gleichwohl, dass humanitäre Katastrophen – unabhängig von Kultur und Zeit – immer möglich sind und dass Menschen – unabhängig von ihrer Herkunft, Volkszugehörigkeit oder Bildung – zu den unglaublichsten Brutalitäten fähig sind. Daraus den Schluss zu ziehen, dass »die Menschen so sind«, ist allerdings falsch. Die Menschen können so sein, ist richtiger. Und dass sie nicht so werden, liegt in der Verantwortung eines jeden Einzelnen.

Blick in den

Wie hätte ich mich verhalten?
Elise Welti
Nachwort

Spiegel

Wie hätte ich mich verhalten?

Denken wir an die Forschungsbefunde von Asch, Zimbardo oder Milgram, so fällt die Antwort ernüchternd aus: Viele von uns wären nicht davor gefeit, zumindest Mitläufer zu werden – angesichts gewisser situativer Faktoren. Dies ist allerdings auch die Argumentation der Täter: »Was hätte ich als Einzelner tun können? Die Übermacht der Mehrheit, die Umstände waren erdrückend!« Wir wissen, dass nachfolgende Generationen diese Antwort nicht als Rechtfertigung akzeptieren. Unrecht bleibt Unrecht, selbst wenn mildernde Umstände geltend gemacht werden. Im Dritten Reich zum Beispiel reihte sich Unrecht an Unrecht, Entrechtung an Entrechtung, bis hin zum Unrechtsstaat; für den nach dem Zusammenbruch plötzlich keiner mehr verantwortlich sein wollte.

Wie hätte ich mich verhalten? Die Frage erweist sich als hypothetisch, ja irrelevant. Was uns beschäftigen muss, ist eine wichtigere Frage: Wie verhalte ich mich angesichts gegenwärtiger Ungerechtigkeiten? In diesem Zusammenhang hilfreich ist eine retroperspektivische Beurteilung der Gegenwart aus der Sicht einer zukünftigen Generation. Wie wird sie über unser Verhalten urteilen, in Bezug auf den Umgang mit den heute drängenden Problemen? Wir ahnen bereits, dass die Entgegnung »Wir haben es nicht besser gewusst, gekonnt etc.« unzulänglich ist! Die Frage nach dem eigenen Verhalten ist zentral. Die Frage nach der

Solidarität, der Verantwortung für die anderen stellt sich in diesem Sinne immer wieder neu: Sie harrt nicht nur einer positive Antwort, sondern auch entsprechender Taten.

Empört euch! Mit diesen Worten rief der französische Résistance-Kämpfer, Überlebender des KZ Buchenwald und Mitverfasser der Menschenrechtserklärung der Vereinten Nationen, Stéphane Hessel, dazu auf, sich für eine gerechtere Welt zu engagieren. In seiner vielbeachteten Streitschrift regt er an, die Verantwortung als Mensch wahrzunehmen

»Wenn man sich über etwas empört, wie mich der Naziwahn empört hat, wird man aktiv, stark und engagiert … Sartre lehrte uns, dass wir selbst, allein und absolut, für die Welt verantwortlich sind – eine fast schon anarchistische Botschaft. Verantwortung des Einzelnen ohne Rückhalt, ohne Gott. Im Gegenteil: Engagement allein aus der Verantwortung des Einzelnen … Die Gründe, sich zu empören, sind heutzutage oft nicht so klar auszumachen – die Welt ist zu komplex geworden. Wer befiehlt, wer entscheidet? … Um wahrzunehmen, dass es in dieser Welt auch unerträglich zugeht, muss man genau hinsehen, muss man suchen. Ich sage den Jungen: Wenn ihr sucht, werdet ihr finden. ›Ohne mich‹ ist das Schlimmste, was man sich und der Welt antun kann. Den ›Ohne-mich‹-Typen ist eines der absolut konstitutiven Merkmale des Menschen abhandengekommen: die Fähigkeit zur Empörung und damit zum Engagement.« (Hessel 2011, S. 11ff.)

Elise Welti

Die Geschichte dieses Buches beginnt mit Schulheften aus dem Nachlass von Elise Welti und soll deshalb auch wieder dort enden. Wer war diese Frau? Die biographischen Eckdaten sind rasch aufgezählt: Elise Welti wurde 1900 in der Nähe von Winterthur, einer Industriestadt in der Nordostschweiz geboren, wo sie auch 1964 starb. Sie wuchs in ärmlichen Verhältnissen auf: auf einem Bauernhof, zusammen mit sechs Geschwistern. Als junge Frau wäre sie gerne Lehrerin geworden, für die Ausbildung fehlte der Familie jedoch das nötige Geld. Nach der obligatorischen Schulzeit begann Elise Welti eine Bürolehre bei der renommierten Firma Sulzer. Diesem Unternehmen hielt sie bis zu ihrer Pensionierung die Treue. Kurz nach dem Eintritt in den Ruhestand erlitt Elise Welti einen tödlichen Hirnschlag. Sie blieb zeitlebens ledig und hatte keine eigene Familie.

Elise Welti (Aufnahme vom
3. März 1958, Familienal-
bum H. Bachmann)

Elise Welti stammte aus einer Generation, deren Leben durch zwei Weltkriege geprägt war. Zu den wenigen Andenken, die von ihr erhalten geblieben sind, gehört ein persönliches Deutschheft aus ihrer Sekundarschulzeit. In einem der Aufsätze machte sie sich als 15-Jährige, in der 9. Schulklasse, Gedanken über die Folgen des Ersten Weltkriegs für die Schweiz.

Der Titel des Aufsatzes lautet:

Inwiefern leidet die Schweiz unter dem gegenwärtigen Weltkrieg?

Während letztes Jahr die großen Mächte sich bewaffneten und gegeneinander in den Krieg zogen, blieb die Schweiz ruhig und erklärte sich als neutral. In unsern Nachbarländern in der Nähe der Kriegsschauplätze kann man statt der schmucken Städte öde Trümmerhaufen sehen. Die schönsten Gebäude werden eben rücksichtslos zusammengeschossen.

Flugzeuge überfliegen unsere Nachbarstaaten und werfen Bomben ab auf die feindlichen Städte. Natürlich möchten die Flieger die großen Munitionsfabriken und Bahnhöfe zertrümmern; aber leider werden immer unschuldige Zivilpersonen verletzt oder sogar getötet.

Das alles mussten wir in der Schweiz noch nicht erfahren. Doch, einmal warf ein deutscher Flieger irrtümlicherweise drei Bomben auf La Chaux-de-Fonds, dadurch wurden einige Personen verletzt. Im Übrigen ist nichts zerstört worden. Um aber vor allfälligen feindlichen Überfällen sicher zu sein, musste die Schweiz natürlich mobilisieren, um die Grenze zu bewachen. Das kostete sehr viel Geld. Bis jetzt musste die Schweiz für das Militärwesen große Summen auslegen, und wenn der Krieg fortdauert, kann die Schweiz noch manche Million für denselben Zweck ausgeben.

Mit der Mobilisation der verschiedenen Länder kamen ihre Ausfuhrverbote. Natürlich behält jedes Land, so viel es für sein eigenes Militär braucht; deshalb können nur ganz kleine Quanten Lebensmittel in die Schweiz kommen und sind im Preise ganz gewaltig gestiegen. Die Schweiz war also anfangs des Krieges in Gefahr, dass sie ausgehungert würde; aber solange das mit Deutschland nicht geschehen kann, haben wir es in der Schweiz nicht zu befürchten. Weil die Einfuhr verboten ist, sind die Zolleinnahmen der Länder ganz bedeutend zurückgegangen. Da muss doch der Bund von einem andern Orte her größere Einnahmen haben, um die Militärkosten decken zu können. Er hat die Taxen der Fahrkarten erhöht; dadurch wird aber das Einkommen nicht vergrößert, denn viele Leute machen nun die kleineren Strecken zu Fuß oder reisen weniger. Da wurde die Militärsteuer verdoppelt, und es wurde eine Kriegssteuer eingeführt, an die nun die Reichen besonders zahlen müssen. Das tun sie ja im Allgemeinen gern, denn es ist für unser Vaterland, dem sie das opfern. Auch in den Gemeinden wurden Kollekten erhoben, wozu jede Frau etwas beitragen kann. Das ist die sogenannte Frauenspende.

Weil nun unsere Nachbarländer die gänzliche Ausfuhr verboten haben, und uns sozusagen die Pfunde, die wir brauchen, abwürgen, können wir auch viele Rohmaterialien nicht mehr aus dem Ausland beziehen. Deshalb müssen einzelne Fabriken ganz geschlossen werden; andere haben die Arbeitszeit aus Mangel an Arbeit vermindert. Dadurch können wieder viele Familienväter weniger, oder auch nichts, verdienen, und ihre Familien müssen eben dann unterstützt werden. In den Munitionsfabriken hingegen müssen die Arbeiter über ihre Arbeitsstunden hinaus arbeiten, denn das ist ein Artikel, der nun massenhaft gebraucht wird, die Bomben, Granaten, Gewehr- und Kanonenkugeln und dergleichen.

Wenn wir all das vernehmen, was im heutigen Kriege vorkommt, dann denken wir gar nicht mehr daran, worunter wir leiden.

Natürlich ist der Krieg von großem Nachteil, da der Verkehr und damit der Handel mit dem Ausland stocken. Nun, wir müssen das alles über uns ergehen lassen und können froh sein, wenn es nicht noch schlimmer kommt.

Elise Welti, 3. Sekundarklasse, 13.11.1915

Aufsatz zum Ersten Welt-
krieg von Elise Welti in Süt-
terlinschrift (13. November
1915, Foto H. Bachmann)

Konkret mit dem Krieg in Berührung kam Elise Welti 1944, als eine ihrer Schwestern ein Flüchtlingskind aus Belgien aufnahm, damit es sich auf ihrem Bauernhof erholen und zu Kräften kommen konnte. Während der Kriegsjahre war Elise Welti als Rotkreuzhelferin tätig, wo sie ihren Dienst vorwiegend im Büro absolvierte. In dieser Funktion betreute sie u.a. die administrative Abwicklung der Aufnahme der Buchenwald-Kinder in der Schweiz. Dadurch wurde sie auf auch auf Marton Stark aufmerksam.

Was veranlasste diese Frau, sich um ihn (und einen weiteren Knaben) zu kümmern? Worin bestand ihr Verdienst?

Laut Marton Stark war es Elise Welti, die ihn kurze Zeit nach der Einreise dazu angehalten hatte, die Erlebnisse rund um seine Deportation sowie den Aufenthalt in den Konzentrationslagern niederzuschreiben. Rein intuitiv realisierte sie, dass das schriftliche Festhalten des Erlebten Marton helfen könnte, die traumatischen Ereignisse zu verarbeiten. Feinfühlig, aber beharrlich insistierte sie, wenn er wieder einmal nahe daran war aufzugeben. Sie war es auch, die den Text auf der Schreibmaschine abtippte, transkribierte und in eine leserliche Form brachte (Schrift, Grammatik, Übersetzung von Mundartausdrücken): Nicht um ihn zu veröffentlichen und selber bekannt zu werden. Sie tat dies, um den jungen Mann zu unterstützen evtl. auch um ihn zu ermutigen.[37]

Während des Aufenthalts in der Höhenklinik besuchte sie Marton einmal im Monat – über Jahre hinweg. Bei diesen Begegnungen unternahm sie mit ihm und seinem Kameraden Spaziergänge, anschließend lud sie die beiden zu Kaffee und Kuchen in einer Konditorei ein. Das war alles! Diese Geste, ja Zuwendung führte jedoch dazu, dass Marton Stark den Glauben an die Menschheit wiederfand. Noch heute berührt ihn der Gedanke an Elise Welti: »Sie hat sich auf uns eingelassen, obwohl sie Christin und keine Jüdin war. Wir konnten ihr nichts geben. Trotzdem war sie für uns da. Während der Zeit in Davos wurde ich nie von jüdischen Schweizern besucht. Die osteuropäischen Juden standen auf der untersten Stufe der jüdischen Gemeinschaft. Aber sie als Christin hat sich um uns gekümmert!« Noch heute klingen diese Worte wie ein Wunder.

Das Verhalten von Elise Welti hat nichts Heroisches oder Spektakuläres an sich. Was es für die Betroffenen bedeutet hat, wird einem erst bewusst, wenn man ihr Handeln in die heutige Zeit transferiert: Kannst du dir vorstellen, einmal im Monat, an deinem einzigen freien Tag[38], in eine 100 km entfernte Ortschaft zu fahren, um ein dir unbekanntes Flüchtlingskind zu besuchen, um mit ihm zu reden sowie Kaffee und Kuchen zu teilen? Damals wie heute verhält es sich so, dass der gesellschaftliche Umgang mit Flüchtlingen nicht als besonders erstrebenswert erachtet wird. Ich weiß nicht, was meine Großtante motiviert hat, das zu tun, was sie getan hat. Ich weiß nur, dass sie ihrer Verantwortung als Mensch nachgekommen ist – ohne Erwartung auf öffentliche Anerkennung oder persönlichen Gewinn.

Anerkennungsschreiben
des Schweizerischen Roten
Kreuzes (Foto H. Bachmann)

SAMARITERIN

ELISA WELTI

IN DANKBARER ANERKENNUNG IHRER MITARBEIT
IN DER FREIWILLIGEN SANITÄTSHILFE
DES SCHWEIZERISCHEN ROTEN KREUZES

DER ROTKREUZCHEFARZT:

Oberst Bürgi.

BERN, DEN 31. 12. 60.

Nachwort

Das Böse braucht das Schweigen der Mehrheit.

Kofi Annan (ehemaliger UNO-Generalsekretär)

Es war mir ein Bedürfnis, zwei Menschen, deren Handeln keinen Niederschlag in der Weltgeschichte findet, die verdiente Beachtung zukommen lassen. Sie mit dem vorliegenden Buch zu würdigen.

Der Text von Marton Stark liest sich wie ein Manifest gegen die Gleichgültigkeit. Aufbegehren heißt zuweilen auch, nicht alles hinzunehmen. Es geht nicht um große Taten, sondern um Verantwortung im Alltag, gegenüber seinen Mitmenschen.

Was Frau Elise Welti auszeichnet, sind nicht Mut und Heldentum. Sie hat sich freiwillig als Rotkreuzhelferin engagiert, ist auf einen Unbekannten (einen verstörten Jugendlichen) zugegangen, nahm Anteil an seinem Schicksal. Sie ließ sich ein auf einen Menschen in Not. Sie streckte die Hand aus und zog sie nicht zurück. Dieses persönliche Engagement bedeutete für einen anderen – für Marton Stark – den vermutlich entscheidenden Unterschied.

Martons Biographie steht für ein »Trotzdem-ja-zum-Le-
ben-Sagen«. Trotz erlittenem Unrecht, erfahrener Gewalt
und unsäglichem Leid. Meine Hochachtung gilt ebenso
Bluma, seiner Ehefrau, welche diese optimistische, zu-
kunftsgerichtete Haltung teilt. Los Angeles ist für beide
vom Fluchtpunkt zur Heimat geworden. Um auf den Titel dieses Buchs zurückzukommen: A verkörpert insofern
auch einen (neuen) Anfang, B bleibt Beverly Hills.

Didaktische

Didaktische Hinweise zur Verwendung des Buches
im Unterricht
Beispiel einer beherzten Aktion:
Brief der Rorschacher Mädchensekundarschule
Widerstand
Aktive Aufarbeitung
Glossar
Literatur, Zeitschriften und Filme
Anmerkungen

Hinweise

Didaktische Hinweise zur Verwendung des Buches im Unterricht

Dieses Buch ist in drei Teile gegliedert:

Teil 1 enthält Marton Starks Aufzeichnungen, vom Beginn der Schikanen bis zur Deportation, von der Trennung der Familie über die Todesmärsche bis zur Zwangsarbeit. Sie schließen mit der Auflösung des KZ Buchenwald und dem Kuraufenthalt in der Schweiz.

Teil 2 widmet sich der Frage, wie die Wissenschaft Phänomene wie das Böse, Rassismus und Antisemitismus erklärt.

Teil 3 beleuchtet den Einsatz der freiwilligen Helferin Elise Welti. Er schlägt überdies den Bogen zur Gegenwart, bis hin zur Frage, wie man sich heute in einer ähnlichen Situation verhalten würde.

Dieses Buch möchte

- anhand eines exemplarischen Beispiels die gesellschaftliche Dimension des Zweiten Weltkriegs in Erinnerung rufen,

- Mut machen, dem Schicksal zu trotzen und das eigene Leben in die Hand zu nehmen,

- das Bewusstsein für heutige Ungerechtigkeiten

schärfen, Neugierde wecken, die eigene Familiengeschichte zu erforschen,

- Mechanismen erläutern, welche unauffällige
  Menschen in Unmenschen verwandeln,

- an die Mitverantwortung für Vorgänge in der Politik
  wie im öffentlichen Leben appellieren,

- zum Denken anregen und auffordern, kritische
  Fragen zu stellen.

Nahezu reflexartig laden Jugendliche und Erwachsene
heute Texte aus dem Internet herunter, ohne sich Re-
chenschaft über die Qualität, Herkunft und Glaubwürdig-
keit der Quellen zu geben. Eine zentrale Herausforderung
im Informationszeitalter besteht darin, sich in einer un-
übersehbaren, stetig wachsenden – zum Teil auch wider-
sprüchlichen – Flut von Informationen zurechtzufinden.
Informationen müssen erst geprüft, aufgenommen, geord-
net und verarbeitet werden, um in einem nächsten Schritt
mit bestehendem oder neu hinzukommendem Wissen
vernetzt zu werden. Dabei bleiben Essenzielles, direkte Erfahrung und Erkenntnis (durch Begegnungen, Austausch,
Experimente etc.) auf der Strecke. Das vorliegende Buch
will dem entgegenwirken. Es tut dies auf verschiedenen
Ebenen: einerseits dadurch, dass es als Unterrichtsmaterial
dient, andererseits durch die Anknüpfung an individuelle

Bezugspunkte von jugendlichen Leserinnen und Lesern (gleiches Alter der Hauptperson, Kenntnis von aktuellen Kriegs-/Fluchtbiographien, Migrationshintergrund von Schulkollegen, Beschäftigung mit Rassismus etc.).

Vom Umfang her eignet sich das Buch auch als Klassenlektüre. In einer Kompaktform, die man noch gut bewältigen kann, ermöglicht es den Einstieg in ein wichtiges Kapitel unserer Neuzeit. Der Geschichtsunterricht sollte im Idealfall damit enden, dass die Lehrperson verkündet: »Die Fortsetzung lesen Sie morgen in der Zeitung!« Selten reicht es jedoch für die kritische Beleuchtung von Ereignissen der jüngsten Vergangenheit. Ab und an werden herausgegriffene Themen im Sozialkunde-, Ethik- oder Religionsunterricht behandelt. Ich erinnere mich diesbezüglich an die Biographie von Bischof Bonhoeffer, dessen Leben für die Einheit von Reden, Denken und Handeln steht.

Der Ausgangspunkt dieses Buchs ist ein Quellentext – die Aufzeichnung eines Jugendlichen, zur Zeit des Holocaust. Er schildert in einer Mischung zwischen Tagebuch und Erinnerungsprotokoll die Erlebnisse eines ungarischen Juden. Sein Fokus richtet sich auf die Jahre 1944 bis 1945, die (damals noch nicht absehbaren) letzten Jahre des Zweiten Weltkriegs. Die Arbeit mit dem Text kann dazu genutzt werden:

- Fragen nachzugehen, zum Beispiel wie Originaltexte einzuordnen sind. Wo können sie eingesehen werden? Wie kann man ihre Seriosität und Vertrauenswürdigkeit ermitteln? Wo und wie werden Daten über Personen und Ereignisse archiviert? Wie werden sie der Allgemeinheit zugänglich gemacht? Inwiefern dürfen sie verwendet/verändert werden (Stichwort Zitierregeln).

- In der eigenen Familiengeschichte zu forschen. Gibt es Personen, die uns etwas zum Zweiten Weltkrieg oder dessen Auswirkungen erzählen können? Wie sah die Jugend unserer Großeltern aus? Existieren Tagebücher, Fotoalben, Briefe oder Zeitungstexte aus dieser Zeit?

- Einen gezielten Suchauftrag im Internet zu starten (evtl. auch in einer anderen Sprache), um anschließend die Resultate miteinander zu vergleichen.

Die Suche nach den eigenen Wurzeln nimmt bei der Identitätsfindung von Heranwachsenden eine zentrale Rolle ein. Der Bezug zur eigenen Biographie wie zur Familiengeschichte löst verschiedenste Reaktionen aus: Neugier, Erstaunen, Betroffenheit. Er kann Aufschluss geben über Geheimnisse, Tabus oder bestimmte, bisher unerklärliche Verhaltensweisen. Eine Studienkollegin erzählte mir, seit sie wisse, dass ein Onkel väterlicherseits als Künstler einen avantgardistischen, rebellischen Weg einschlug, könne sie ihre eigenen Charakterzüge – aber auch das Entsetzen der Verwandtschaft darüber – besser einordnen.

Die altersbedingte Nähe von Marton Stark zu Jugendlichen von heute erleichtert das Eintauchen in Gefühle sowie die Anteilnahme mit den Opfern der damaligen Zeit. Wie hätten wir uns verhalten, als Nachbarn, als Bekannte, als Zuschauer? Wie würde der eine Polizist die Hausdurchsuchung am 7. April 1944 beschreiben? Zitat: Da sagte der Eine: »Ich will Gold und Geld, weil ich zwei Kinder habe.« Was bewog einen SS-Mann dazu, dem ausgemergelten, frierenden Jungen heimlich eine Jacke zuzustecken? Was wussten/ahnten die polnischen Dorfbewohner, welche den KZ-Insassen kurz vor Groß-Rosen warme Milch in Flaschen brachten? Obgleich die SS-Leute sie wegzuscheuchen versuchten.

Fragen dieser Art sind wichtig, um nicht in Entsetzen oder Mitleid zu verharren. Der Perspektivenwechsel wie das Veranschaulichen der Schauplätze konkretisieren die Geschehnisse, brechen sie auf eine fassbare Ebene hinunter. Und sie schlagen die Brücke zur Gegenwart! Wie verhalte ich mich bei Ungerechtigkeiten im Alltag? Wie begegne ich Leuten, die mir fremd sind, die anderes denken/handeln als ich? Bilder zur Einführung solcher Themen findet man auf einer Website der Pädagogischen Hochschule Zürich unter: www.phzh.ch/statisch/look-twice.

Eine interessante Reflexion im Netz präsentiert Professor Philip Zimbardo auf seiner gut aufgearbeiteten Homepage. Er illustriert u.a. anhand eines 10-Punkte-Programms, wie man Gruppendruck bewusst widerstehen kann, wenn eine Mehrheit ethisch fragwürdige Normen und Verhalten entwickelt (in englischer Sprache). (www.lucifereffect.com/guide_tenstep)

Eindrücklich ist die Website des Dokumentationszentrums auf dem Reichsparteitagsgelände in Nürnberg, welche Fragen zur Faszination und Gewalt dieser Zeit aufgreift. (www.museen.nuernberg.de/presseservice)

Dokumente, Zeitzeugenberichte und Hördokumente sind unter folgender Adresse einsehbar: die-quellen-sprechen.de.

Einen Einblick in die Haltung der offiziellen Schweiz im Zweiten Weltkrieg gegenüber den jüdischen Flüchtlingen sowie eine bis heute andauernde zweifelhafte Glorifizierung der damaligen schweizerischen Außenpolitik bietet die Website »Diplomatische Dokumente der Schweiz«: www.dodis.ch.

Das wahrscheinlich umfassendste Archiv zum Holocaust unterhält die Organisation Yad Vashem in Israel (Zeitzeugendokumente, Bilder und Filme: auch in deutscher Sprache). (www1.yadvashem.org)

Schließlich kann der Aufsatz von Elise Welti im 3. Teil dieses Buchs dazu herangezogen werden, kritische Fragen zu stellen sowie zum Nachdenken anzuregen – u.a. über die Situation im Vorfeld des Zweiten Weltkriegs.

Die angeführten Internetquellen lassen sich für Aufträge im Hinblick auf Gruppenarbeiten nutzen, ebenso wie zur Bearbeiten der eingangs aufgeworfenen Fragen bezüglich Informationsbeschaffung und -auswertung.

Anregung zur Diskussion liefert die folgende, aus der Kindheit der deutsch-jüdischen Philosophin Hannah Arendt überlieferte Episode: Hannahs Mutter hatte klare Vorstellungen, wie mit Antisemitismus umzugehen sei. »Man muss sich wehren! Wenn etwa von meinem Lehrer antisemitische Bemerkungen gemacht wurden – meistens gar nicht in Bezug auf mich, sondern in Bezug auf andere jüdische Schülerinnen, zum Beispiel ostjüdische Schülerinnen – dann war ich angewiesen, sofort aufzustehen, die Klasse zu verlassen und nach Hause zu kommen, alles genau zu Protokoll zu geben. Dann schrieb meine Mutter einen ihrer vielen eingeschriebenen Briefe, und die Sache war für mich natürlich völlig erledigt. Wenn es aber von den Kindern kam, habe ich es zu Hause nicht erzählen dürfen. Das galt nicht. Was von Kindern kommt, dagegen wehrt man sich selber.« (Quelle: TV-Sendung »Zur Person« 28.10.1964/ZDF)

Nicht zuletzt will dieses Buch festhalten, dass Handeln im sozialen Kontext eine Bedeutung hat. Es ist nicht unbedeutend, ob man sich

- für eigene Rechte/legitime Bedürfnisse

- Anliegen anderer Personen/Gruppen

- die Allgemeinheit

einsetzt oder ob man sich auf den Standpunkt stellt, dass man ohnehin nichts bewirken kann (jedes Engagement von vornherein scheitert). Weiterführend könnte dies als Anstoß dienen für Projekte im Bereich Sozialkunde, Ethik oder Religion[39] für Aktionen mit gesellschaftlichen Randgruppen, zur Quartierbelebung oder Nachbarschaftshilfe. Denkbar sind auch fächerübergreifende Unternehmungen von Kindergarten und Oberstufe, wo die Größeren für die Kleineren Verantwortung übernehmen, umgekehrt von deren Unbeschwertheit und Spielfreude angeregt werden – etwa beim gemeinsamen Konstruieren eines Heißluftballons.

Beispiel einer beherzten Aktion: Brief der Rorschacher Mädchensekundarschule

Rorschach, 7. September 1942

Sehr geehrte Herren Bundesräte!

Wir können es nicht unterlassen, Ihnen mitzuteilen, dass wir in den Schulen aufs Höchste empört sind, dass man die Flüchtlinge so herzlos wieder in das Elend zurückstößt.

Hat man eigentlich ganz vergessen, dass Jesus gesagt hat: »Was ihr einem der Geringsten unter euch getan habt, das habt ihr mir getan.« Wir hätten uns nie träumen lassen, dass die Schweiz, die Friedensinsel, die barmherzig sein will, diese zitternden, frierenden Jammergestalten wie Tiere über die Grenze wirft. Wird es uns nicht so gehen wie dem Reichen, der den armen Lazarus nicht gesehen hat.

Was nützt es uns, wenn wir sagen können: Ja, im letzten Weltkrieg hat die Schweiz noch etwas geleistet, dürfte man nur erwähnen, was die Schweiz in diesem Krieg schon Gutes getan hat, besonders an den Emigranten. Haben nicht alle diese Menschen noch die ganze Hoffnung auf unser Land gelegt, und was für eine grausame, schreckliche Enttäuschung muss es sein, wieder zurückgestoßen zu werden, von wo sie gekommen sind, um dort dem sicheren Tod entgegenzugehen. Wenn das so weitergeht, können wir sicher sein, dass wir die Strafe noch bekommen. Es kann ja sein, dass Sie den Befehl erhalten haben, keine Juden aufzunehmen, aber der Wille Gottes ist es bestimmt nicht, doch wir haben Ihm mehr zu gehorchen als den Menschen. Wo wir zum Sammeln aufgerufen wurden, taten wir es sehr gerne für unser Heimatland und haben willig die Freizeit geopfert, deshalb erlauben wir uns für die Aufnahme dieser ärmsten Heimatlosen zu bitten!

Mit Hochachtung und Vaterländischer Verbundenheit grüßen
Sekundarschule Klasse 2c

Rösli Schlotterbeck, Heidi Weber, Jacqueline Jenny, Rosmarie Gansner, Irma Stoessel, Dorli Stoll, Hildegard Scherrer, Elsbeth Eigenmann, Margrit Kaiser, Silvia Bader, Heidi Bächi, Alice Thalmann, Eva Dudler, Ruth Locher, Gritli Lüchinger, Hildegard Forster, Hedi Opprecht, Margrit Leemann, Greti Weber, Frieda Kradolfer, Trudi Sperrer, Ruth Dombierer.

Abgedruckt in: Stapferhaus Lenzburg (Hrg.), (1995). Anne Frank und wir. Zürich: Chronos Verlag

Mutiger Appell

Dass 1942 (knapp 30 Jahre vor der Einführung des Frauenstimmrechts) 22 Mädchen einen Justizminister kritisieren, kam in der damaligen angespannten Stimmung einer

kleinen Sensation gleich. Motiviert durch eine Zeitungs-
reportage regte sich bei den Schülerinnen ehrliche Empörung, ja Entsetzen über die Zurückweisung von jüdischen
Flüchtlingen an der Grenze.

Die Reaktion des Bundesrats Eduard von Steiger
erscheint aus heutiger Sicht geradezu absurd. Er schrieb
harsch zurück, wies jede Fremdbestimmung von sich: »…
dass du rot werden wirst, den Bundesrat mit Vorwürfen
überschüttet zu haben.«

Der Magistrat beschränkte sich nicht auf eine Stand-
pauke, sondern ordnete ein Verhör von Lehrern und
Schülerinnen an. Gleich drei Beamte der Staatsanwalt-
schaft nahmen die Mädchen in die Mangel – erfolglos.
Die Unterzeichnerinnen ließen sich nicht einschüchtern,
denn so eine der damals Beteiligten, Rosmarie de Lucca-
Gansner: »Wir waren überzeugt von unserer Sache.«

Nachträgliche Erkenntnis

Eine Schweizer Tageszeitung berichtete am 6. Februar
2013: »Wenn Zeitzeugen verstummen, geht die Deutungs-
hoheit auf die Spätergeborenen über. Dies geschieht gerade mit dem Rorschacher Brief. Zeitgleich mit seiner
Neuentdeckung und der nationalen Verbreitung durch die
‹Tagesschau› vor einer Woche veröffentlichte die Berner
Historikergruppe Dodis, die sich mit der Schweizer Di-
plomatiegeschichte beschäftigt, brisante Dokumente: Fo-

tos und Depeschen, die belegen, dass der Bundesrat bereits Mitte 1942 detaillierte Kenntnis hatte von den Massakern an den Juden im Osten.«

Widerstand

So erschütternd und bedrückend die Thematik ist: Es gab auch Widerstand. Solche, die sich wehrten, unter ihnen einige Jugendliche! Dieser Aspekt sowie Möglichkeiten der aktiven Aufarbeitung können im Unterricht aufgegriffen werden, im Sinne einer Ermutigung oder Handlungsanleitung.

Schlagzeilen machten Einzelpersonen wie Georg Elser, lose Gruppen wie die Rote Kapelle, das Attentat vom 20. Juli 1944 (Graf von Stauffenberg), die Flugblätter der Weißen Rose sowie die Aktivitäten von Institutionen wie Gewerkschaften, Kirchen oder politischen Parteien. Im Überblick (und in Relation zur Gesamtbevölkerung) gab es in Deutschland wie im sonstigen Europa zwischen 1933 und 1945 jedoch nur wenige Bürger, welche im Alltag die Zivilcourage aufbrachten, sich dem System des NS-Staates zu verweigern.

Beispiele von Jugendwiderstand:

* Weiße Rose
* Edelweißpiraten
* Swingjugend.

Häufiger als die offene Kampfansage war der Ungehorsam im Kleinen: indem man Anordnungen nicht befolgte, Kinder von der Hitlerjugend fernhielt, Firmeninhaber ihre Angestellten vor der Front bewahrten. Weitere Beispiele: Soldaten, die sich weigerten, an Kriegsverbrechen teilzunehmen; Bürger, die Juden versteckten; Bauern, die Zwangsarbeiter mit Nahrung versorgten; Gefängnisbeamte, die Akten »verlegten«, um Häftlinge vor der Verschickung zu bewahren — oder gar falsche Papiere ausstellten. Auch wenn dies Einzelaktionen waren, setzten sich die jeweiligen Akteure beträchtlichen Risiken und Gefahren aus. Im besetzten Polen drohte bei individueller Widerstandshandlung gar die Todesstrafe!

Aktive Aufarbeitung

Die aktive Aufarbeitung des Dritten Reichs erfolgte – je nach Nation unterschiedlich – mittels einer offiziellen Entschuldigung, Eingeständnissen und der Anerkennung von verübtem Unrecht, zum Teil durch Wiedergutmachungsleistungen. Im historisch-journalistischen Bereich folgten Schriften, Filme, TV-Dokumentionen, Radiosendungen, Gedenkstätten, Unterrichtseinheiten, Berichte von Zeitzeugen sowie KZ-Führungen (wo möglich/sinnvoll durch ehemalige Insassen). Vielversprechend, auch im Sinne einer konstanten Wachsamkeit, sind Projekte, welche

- ein Aha-Erlebnis im Alltag erzeugen (vgl. die Aktion »Stolpersteine« von Gunter Demnig),

- reale Begegnungen von Mensch zu Mensch ermöglichen (etwa mit anderen Bevölkerungsgruppen),

- neofaschistischen Tendenzen entgegentreten (Hetzschriften, fremdenfeindlichen Parolen, Konzerten von Rockbands der rechtsradikalen Szene).

Erstaunlich versöhnliche Töne fand der 2004 verstorbene
Komponist Franz Ephraim Wagner. Er gehörte zu den mehr
als 2600 jüdischen Bürgern, welche die Nazis 1938 von
Frankfurt nach Buchenwald verschleppt hatten. Als Neun-
zehnjähriger wurde er Zeuge unsäglicher Gewalttaten. Die
Lager, in die man ihn steckte, überlebt er: im Gegensatz zu
Vater, Mutter, Bruder, Cousine. 1945 emigrierte Wagner
über Amerika nach Israel. Vor seiner Entlassung musste er
(wie alle in KZ verschleppten deutschen Juden) eidesstatt-
lich erklären, er sei gut behandelt worden. Deutschland
wiedersehen? Nein, lieber nicht. Doch irgendetwas trieb
ihn, noch einmal nachzuschauen. In der Rückschau emp-
fand er jeden Tag danach als Geschenk. Er stellte fortan sein
Handeln in den Dienst der Menschlichkeit und Toleranz.
Diese Bereitschaft – aber auch die Erfüllung in der Musik –
transferierten das »Überleben« in ein »Weiterleben«. (vgl.
Kössler G., Rieber A. & Gürsching F. 1993)

Glossar

Antisemitismus:

Der Antisemitismus (vgl. Kapitel 2) ist eine mit Natio-
nalismus, Sozialdarwinismus und Rassismus begründete
Judenfeindlichkeit, welche seit etwa 1800 in Europa auf-
tritt. Für den Nationalsozialismus war der Antisemitismus
zentral und führte im vom Deutschen Reich besetzten
Europa bis 1945 zum Holocaust.

Zu den Voraussetzungen gehören u.a. der durch das Christentum begründete Antijudaismus im Mittelalter und der Antijudaismus in der Neuzeit. Zu seinen Wirkungen gehört der Antisemitismus nach 1945. Dieser ist zwar keine gesamtstaatliche Ideologie mehr, aber seine Stereotypen und Vorurteilsstrukturen bestehen in vielen Ländern und vielfältiger Form fort. Die internationale Antisemitismusforschung widmet sich seit 1945 der Erklärung des Phänomens. (Wikipedia)

In einem SPIEGEL-Interview bezeichnete Dieter Graumann, Vorsitzender des Zentralrats der Juden in Deutschland, einen »Antisemiten« als jemanden, der überall eine jüdische Weltverschwörung wittere oder »die Juden« für alle Übel im Zusammenleben der Völker verantwortlich mache. Wer Israel die Existenzgrundlage abspreche, es verteufle oder seine Vernichtung in Kauf nehme. Wer grobschlächtige Nazi-Vergleiche anbringe, um israelische Politik zu verdammen. (SPIEGEL Nr. 3/14.1.2013, S. 122)

Ein scheinbares Dilemma bildet die Frage, ob man den 1948 gegründeten Staat Israel wegen der Aufrüstung zur Atomwaffenstreitmacht, seiner Siedlungspolitik oder dem Bau der 759 Kilometer langen Sperranlage hin zum Westjordanland kritisieren darf. Aktuelle Ereignisse für eine neue Antirassismus-Diskussion in Deutschland bildeten im Januar 2013 die Beschneidungsdebatte, ein umstrittenes Gedicht von Günter Grass sowie der Überfall auf den Berliner Rabbiner Daniel Alter.

Buchenwaldlied:

Das von Marton Stark am Schluss seines Berichts erwähnte Lied kennt man als »Buchenwaldlied«.

Ende 1938 erklärte der damalige Lagerführer von Buchenwald, dass alle anderen Lager ein Lied besitzen würden, nur das Konzentrationslager Buchenwald stünde da noch hintenan. Er setzte eine Prämie von 10 Mark aus für den Komponisten und Dichter einer entsprechenden Komposition. Etliche Entwürfe wurden eingereicht, aber sie taugten alle nichts oder stießen bei der SS-Führung auf Ablehnung. Einzig dasjenige Lied, welches schließlich zur offiziellen »Buchenwald-Hymne« erklärt wurde, setzte sich durch. Der damalige Kapo der Poststelle verfügte über die nötigen Verbindungen ... Er bezeichnete sich selbst auch gleich als Verfasser von Wort und Melodie. In Tat und Wahrheit geht das Lied auf zwei österreichische Häftlinge zurück: der Text auf Löhner-Beda, den Librettisten Lehars, die Musik auf Leopoldi, einen Wiener Kabarettsänger. Beides musste in der spärlichen Freizeit eingeübt werden, bis es eines Tages nach dem Abendappell – es war Ende Dezember 1938, bitterkalt und alles tief verschneit – hieß: »Das Buchenwald-Lied singen!« Selbstverständlich klappte es nicht beim ersten Mal (11'000 Menschen standen auf dem Appellplatz). Wütend stoppte der betrunkene KZ-Kommandant die Übung und befahl, dass jeder Block auf dem Appellplatz so lange für sich üben müsse, bis es mit dem Singen hinhaue. Man kann sich denken, welch infernalisches Konzert losging. Als der Kommandant re-

alisierte, dass es so auch nichts würde, ließ er Strophe für
Strophe gemeinsam singen, immer und immer wieder.
Erst nach vier Stunden erteilte er den Befehl zum Ab-
marsch. Während ansonsten jeder Block umkehrte und
zum Lager zurückging, war es diesmal anders. In Zeh-
nerreihen ausgerichtet, mussten alle an den SS-Leuten
vorbeidefilieren, das Buchenwaldlied singend. Wehe dem
Block, der sich nicht genau ausgerichtet hatte oder dessen
Gesang nicht nach des Kommandanten Wunsch ausfiel! Er
wurde unbarmherzig zurückgeschickt und musste nochmals vorbeimarschieren. (Wikipedia)

Rezeption: Neben Liedern der Nazizeit gibt es auch
Musikstücke zum Gedenken. Der Komponist Günter
Jochan komponierte 1965 die Kantate »Die Asche von
Birkenau«, welche 1966 von Annelies Burmeister und
dem Rundfunk-Sinfonieorchester Berlin uraufgeführt
wurde (Dirigent: Kurt Masur).

Fleckfieber:

Fleckfieber, auch »Läusefieber«, »Läusefleckfieber«, »Kriegs-
fieber« oder »Faulfieber«, ist eine Infektion mit Mikroor-
ganismen der Gattung Rickettsien (Rickettsia prowazekii),
die durch Läuse, Milben, Zecken oder Flöhe übertragen
wird. Die Inkubationszeit beträgt zehn bis vierzehn Tage.
An der Stichstelle kommt es häufig zu Juckreiz und einer Blauschwarz-Färbung. Später treten hohes Fieber, ein
aufgedunsenes rotes Gesicht, Kopf- und Gliederschmerzen

sowie Schüttelfrost auf (wenn das Gehirn mit betroffen ist auch Bewusstseinsstörungen).

Früher wurde das Fleckfieber auch als »Typhus levissimus«, »Typhus ambulatorius« bzw. »Hunger- oder Kriegstyphus« bezeichnet (obgleich nicht mit Typhus verwandt), da es sich unter schlechten hygienischen Bedingungen in Kriegszeiten mitunter epidemieartig ausbreitete. Dass es sich um eine eigenständige Erkrankung handelt, entdeckte William Jenner 1847 in London.

Für Napoleons Armee wurde das Fleckfieber während des Russlandfeldzugs zu einem ernsthaften Problem. Die bittere Winterkälte zwang die Soldaten, ihre Kleidung durchgehend zu tragen, ohne sie wechseln oder säubern zu können. Zudem nutzten die Männer Kleidungsstücke Gefallener, um sich notdürftig warm zu halten. Für die mit Fleckfieber infizierten Kleiderläuse war es von daher ein Leichtes, sich zu vermehren und auszubreiten. (Wikipedia)

Funktionshäftling:
Die Lagerführung übertrug einige Kontroll- und Verwaltungsaufgaben an sogenannte »Funktionshäftlinge«. Es gab Lagerälteste, denen eine Art Vorschlagsrecht bei der Auswahl weiterer Funktionshäftlinge zugestanden wurde. Den SS-Blockführern waren Häftlinge als Blockälteste, Stubenälteste und Stubendienste unterstellt. In den Arbeitskommandos wurden Kapos und Vorarbeiter einge-

setzt, die Verwaltung beorderte Häftlinge in die Schreib-
stuben.

Die Funktionshäftlinge wurden durch Armbinden
kenntlich gemacht und genossen gewisse Vorteile, standen
jedoch immer unter dem Druck, ihr Amt zu verlieren,
wenn eine Anordnung missachtet oder eine Arbeitsleis-
tung nicht erreicht wurde. Bis zu 5% aller Häftlinge waren
mit − meist geringfügigen − Funktionen beauftragt. Ihre
Überlebenschancen stiegen, weil sie nicht bei Wind und
Wetter kräftezehrende Schwerstarbeit leisten mussten. In
der von der SS eingerichteten »Lagerselbstverwaltung«
wurden jüdische Häftlinge selten mit Funktionsaufgaben
beauftragt; Juden hatten in der Lagerhierarchie den tiefs-
ten Rang inne. Häufiger setzte man deutsche Kriminelle
als Kapos ein, sie trieben erschöpfte Mithäftlinge zum Teil
durch Terror und Misshandlungen an. (Wikipedia)

Ghetto:

Ein »Ghetto« oder »Getto« ist ein Stadtviertel, in dem eine
bestimmte, früher meist jüdische Bevölkerungsgruppe
lebt(e) bzw. zu leben gezwungen war.

Insbesondere in den besetzten Ländern Osteuropas
fand ab 1940 die systematische Konzentrierung der jüdischen Bevölkerung der jeweiligen Länder in wenigen
abgetrennten Wohnbezirken statt. Vorbereitende Maßnahmen waren hier zum einen die von den Deutschen eingeführte Kennzeichnungspflicht für Juden (weiße Armbinde

mit Davidsstern). Damit einher gingen andererseits Erlasse, welche die Bewegungsfreiheit der jüdischen Bevölkerung einschränkten, namentlich nächtliche Ausgangssperren sowie das Verbot, sich außerhalb des derzeitigen Wohnbezirkes niederzulassen. Eine weitere Vorkehrung, die im Zusammenhang mit dem Ghettoisierungsprozess Bedeutung erlangen sollte, war die Bildung von sogenannten »Judenräten«, welche als jüdische Selbstverwaltungsorgane von der deutschen Besatzung als Befehlsempfänger für die Belange ihrer Politik gegenüber den jüdischen Gemeinden zwangsweise geschaffen wurden. Sie sahen sich zuerst der deutschen Zivilverwaltung gegenüber verantwortlich, später den SS- und Polizeikräften. In der Praxis kam ihnen vor und während der Ghettoisierung etwa die Aufgabe zu, Mannschaften für Zwangsarbeitseinsätze zusammenzustellen, die Auslieferung der verbleibenden Vermögenswerte der jüdischen Bevölkerung zu organisieren, und schließlich – im Zuge der Auflösung der Ghettos ab dem Jahr 1942 – lokale Maßnahmen zur Unterstützung der Deportation der Gefangenen in die verschiedenen Vernichtungslager zu ergreifen.

Der Alltag der Ghettos war geprägt von Unterernährung, Krankheiten und Tod. Seuchen (zum Beispiel Fleckfieber) grassierten aufgrund der unsäglichen hygienischen Bedingungen und der katastrophalen Ernährungssituation. So senkten hohe Nazi-Führer die Brotration und die Ration an Marmelade auf 50 Gramm bzw. 30 Gramm im Monat:

Nahrungsmittel wurden von den deutschen Besatzungsbehörden streng kontingentiert. Man bemühte sich, die Kosten für die katastrophale Versorgung der Ghettos zusätzlich zu minimieren, indem man – wo aufgrund der Größe des Ghettos möglich – in ghettoeigenen Wirtschaftsbetrieben oder in externen Betrieben oder Arbeitslagern die Gefangenen quasi als »Leiharbeiter« vermietete und dadurch Einnahmen erzielte. Manche Industrielle machten aufgrund dieser »Ghetto-Geschäfte« hohe Gewinne, sodass sie ein beachtliches Vermögen anhäufen konnten. (Wikipedia)

Holocaust:

Als »Holocaust« (vom Griechischen: »vollständig Verbranntes«, das heißt »Brandopfer«) oder als »Schoah« bezeichnet man heute im deutschen Sprachraum den Völkermord an mindestens 5,6 bis 6,3 Millionen Menschen, welche das nationalsozialistische Regime als Juden definierte.

Der Holocaust gilt als historisch einzigartiges Verbrechen, da die deutschen Nationalsozialisten anstrebten, die europäischen Juden vollständig, systematisch und mit industriellen Methoden auszurotten. Sie waren allein deshalb, weil sie Juden waren oder als Juden galten, zur Ermordung vorgesehen und hatten kaum Überlebenschancen, wenn sie in die Hände des nationalsozialistischen Machtapparats fielen.

Viele deutsche Juden konnten sich freikaufen und fliehen. Der zahlenmäßig größeren, meist wenig wohlhabenden osteuropäischen Bevölkerung mit jüdischer Herkunft war dieser Weg bzw. die Flucht zu Verwandten in Übersee verbaut.

Die Ausrottungsabsicht betraf auch die als »minderwertige Fremdrasse« definierte Minderheit der Roma und Sinti [Fahrende]. Deren damalige Verfolgung gilt als Teil des Holocaust und wird als »Roma-Holocaust« oder »Porajmos« bezeichnet.

Weitere Massenmorde an Millionen Menschen in osteuropäischen Ländern, vor allem in Polen und der Sowjetunion, an Hunderttausenden Behinderten, etwa 20'000 deutschen Kommunisten und Sozialdemokraten, 7000 Homosexuellen und 1200 Zeugen Jehovas werden – obwohl auch Verbrechen der Nationalsozialisten – meist nicht in den Begriffen »Schoah«/»Holocaust« eingeschlossen. (Wikipedia)

Konzentrationslager:

Die Konzentrationslager für Zivilpersonen (Abkürzung: KZ) wurden in der Zeit des Nationalsozialismus zwischen 1933 und 1945 im Deutschen Reich und in den besetzten Gebieten errichtet. Es handelte sich schließlich um mehrere Tausend Konzentrations- und Nebenlager und sieben Vernichtungslager. Sie dienten der Ermordung von Millionen Menschen, der Unterdrückung politischer Gegner, der Ausbeutung durch Zwangsarbeit, medizinischen Menschenversuchen sowie der Internierung von Kriegsgefangenen. Das Lagersystem stellte ein wesentliches Element der nationalsozialistischen Unrechtsherrschaft dar.

Man geht heute davon aus, dass zwei Drittel der sechs Millionen Juden, die der deutschen Judenvernichtung, später »Schoah« bzw. »Holocaust« genannt, zum Opfer fielen, in den Konzentrationslagern direkt ermordet wurden (oder dort an Folgen von systematischer Aushungerung, den Misshandlungen bzw. an unbehandelten Krankheiten gestorben sind). Das verbleibende Drittel starb in Ghettos, bei Massenerschießungen vor allem durch die Einsatzgruppen der Sicherheitspolizei und auf den Todesmärschen. In den Konzentrationslagern wurden auch viele andere Menschen ermordet: politische Gegner, Sinti und Roma, Homosexuelle, Zeugen Jehovas, geistig Behinderte und sogenannte »Asoziale«. Die genaue Anzahl der Toten ist bis heute unklar, da die Mörder längst nicht über alle Opfer Akten führten, am Ende des Krieges keine Ermordungen mehr dokumentarisch festgehalten wurden und viele Unterlagen (ebenso wie die Zeugen) gezielt vernichtet wurden bzw. durch Kriegsereignisse unwiederbringlich verloren gingen. (Wikipedia)

KZ Auschwitz:

Standort des größten Komplexes von Konzentrationslagern im Deutschen Reich und den besetzten Gebieten. Dazu zählten:

- Auschwitz I (Stammlager ab 1941), das zuerst errichtete Konzentrations- und Kriegsgefangenenlager, zugleich Verwaltungszentrum des gesamten Lagerkomplexes. Hier wurden ungefähr 70'000 Menschen, meist polnische Bürger und sowjetische Kriegsgefangene, umgebracht.

- Konzentrationslager Auschwitz II (Birkenau), ein Vernichtungslager. Die Gesamtzahl der Opfer von Auschwitz in den Jahren 1940 bis 1945 wird auf 1,1 bis 1,5 Millionen Menschen, meist jüdischer Herkunft, geschätzt. Die Mehrheit von ihnen, vor allem die Opfer der Massentransporte des Holocaust, die ab 1942 aus fast ganz Europa hierher deportiert wurden, kam in Gaskammern um. Auch dadurch wurde Auschwitz wurde zum Symbol für den Holocaust.

- Konzentrationslager Auschwitz III (Monowitz), ein von der IG Farben [Chemieunternehmen] errichtetes Arbeitslager mit einer Vielzahl von Nebenlagern in der näheren Region, die als »Arbeitslager«, »Außenlager«, »Außenkommando«, »KZ« oder »Zweiglager« bezeichnet wurden. Auch dort kam es zu vielen Morden an den Gefangenen.

Zwischen dem 17. Januar 1945 und dem 23. Januar 1945 wurden 60'000 Häftlinge von der SS »evakuiert« und in Todesmärschen nach Westen getrieben. Am 27. Januar 1945 haben sowjetische Truppen (die 322. Infanteriedivision der I. Ukrainischen Front) die verbliebenen Häftlinge befreit. (Wikipedia)

Rechtliche Aufarbeitung: Lediglich 800 der insgesamt 8000 als Wachpersonal eingesetzten SS-Angehörigen wurden angeklagt, 40 davon von deutschen Gerichten. Eine juristische Aufarbeitung fand in Deutschland erst in den 1960er- und 1970er-Jahren statt (sechs Auschwitz- und vier Nachfolgeprozesse). In Österreich gab es eine Vielzahl von Verfahren.

KZ Buchenwald:

Das Konzentrationslager Buchenwald war eines der größten Konzentrationslager auf deutschem Boden. Es wurde zwischen Juli 1937 und April 1945 auf dem Ettersberg bei Weimar als Arbeitslager betrieben. Insgesamt waren in diesem Zeitraum etwa 250'000 Menschen aus allen Ländern Europas in Buchenwald inhaftiert. Die Zahl der Todesopfer wird auf 56'000 geschätzt, darunter 11'000 Juden. Befreit wurde das Lager am 11. April 1945 durch die Häftlinge selbst, unter Deckung der 3. US-Armee; bereits seit dem 8. April 1945 hatte ein großer Teil der Häftlinge durch Boykottieren und Sabotieren ihre »Evakuierung« verhindert und die US-Armee per Funk um Hilfe gerufen.

Zunächst war das Lager für politische Gegner des Naziregimes, vorbestrafte Kriminelle und sogenannte »Asoziale« sowie Juden, Zeugen Jehovas und Homosexuelle bestimmt. Mit Beginn des Zweiten Weltkrieges wurden zunehmend Menschen aus anderen Ländern interniert. Bei der Befreiung im April 1945 betrug der Anteil der nichtdeutschen Insassen 95 Prozent.

Anfang 1945 wurde das Lager zur Endstation für Evakuierungstransporte aus Auschwitz und Groß-Rosen. Kurz vor der Befreiung versuchte die SS das Lager zu räumen und schickte 28'000 Häftlinge auf Todesmärsche. Etwa 21'000 Häftlinge – darunter über 900 Kinder und Jugendliche – blieben im Lager. Am 11. April 1945 erreichten Einheiten der 3. US-Armee den Ettersberg. Die SS floh, Häftlinge der geheimen Widerstandsorganisation öffneten das Lager von innen. (Wikipedia)

KZ Groß-Rosen:

Das Konzentrationslager Groß-Rosen war ein Konzentrationslager der deutschen Nationalsozialisten in Niederschlesien, im heutigen Polen. Es befand sich an der Eisenbahnstrecke von Jauer nach Striegau, 2,5 Kilometer südwestlich von Groß-Rosen und 60 Kilometer südwestlich von Breslau. Zwischen 1940 und 1945 waren im KZ Groß-Rosen etwa 130'000 Menschen inhaftiert, davon wurden ungefähr 40'000 ermordet.

Die Errichtung des Großen Lagers mit einer ursprünglichen Kapazität für 7000 Häftlinge, die jedoch auf

20'000 erhöht wurde, war zu Beginn des Jahres 1944 abge-
schlossen. Zu diesem Zeitpunkt erfuhr das KZ Groß-Rosen eine erneute Erweiterung. Das Auschwitzer Lager war
für 45'000 Häftlinge geplant und sollte (wegen der Front-
verschiebungen im Osten) für eine Verlegung genutzt
werden. Die Häftlinge des Hauptlagers wurden in den
Groß-Rosener Steinbrüchen zum Granitabbau eingesetzt.
Zahlreiche Nebenlager mit über 100 Außenkommandos
dienten der Heranführung von billigen Arbeitskräften in
die Betriebe der sogenannten »kriegswichtigen Industrie«.

Anfang 1945 wurde von der SS das Lager geräumt; die
Gefangenen deportiert oder auf Todesmärsche geschickt.
Nur wenige Häftlinge blieben zurück. Ihre Befreiung er-
folgte am 13. Februar 1945 durch die sowjetische Armee.
(Wikipedia)

Zum Lager Groß-Rosen gehörten zahlreiche Außenlager, unter anderem auch die von Marton Stark beschriebenen Lager Bolkenhain und Hirschberg. (Wikipedia)

Shoah:

In Israel und weltweit wird der Holocaust seit 1948 als
»Schoah« (hebräisch gesprochen als »Scho-ah«) für »Kata-
strophe«, »großes Unglück« bezeichnet. Daran erinnert
der 1959 in Israel eingeführte, im Judentum weltweit be-
gangene Gedenktag Jom haScho'a. (Wikipedia)

Todesmarsch:

Als »Todesmarsch« werden in der Konflikt- und Gewalt-
forschung erzwungene Märsche von Personengruppen
bezeichnet, bei denen der Tod der Marschierenden billi-
gend in Kauf genommen wird oder sogar das Ziel bildet.
Dabei kann eine hohe Todesrate durch Gleichgültigkeit
der Aufseher gegenüber Überanstrengung und mangeln-
der Versorgung der Marschierenden mit Verpflegung,
Kleidung und Unterkunft oder auch durch gezielte Gewalt gegen die Teilnehmer verursacht werden …

Mit den später so genannten »Todesmärschen« von
KZ-Häftlingen verfolgten die SS-Wachmannschaften in
der Endphase des Zweiten Weltkriegs zwei Ziele: Sie entzogen den heranrückenden alliierten Truppen die Beweise
ihrer Verbrechen in den Konzentrations- und Vernich-
tungslagern durch die Beseitigung der Opfer. Zudem versuchten sie die Arbeitskraft der Häftlinge für andere Lager
zu erhalten. Durch diese Endphaseverbrechen kam von den
1944 registrierten 714'000 KZ-Häftlingen wahrscheinlich
mindestens ein Drittel ums Leben. Nicht marschfähige
Häftlinge erschoss man in großer Zahl. (Wikipedia)

Literatur, Zeitschriften und Filme

Literatur

Aly, G. (2005). Hitlers Volkstaat – Raub, Rassenkrieg und nationaler Sozialismus. Frankfurt am Main: Fischer

Arendt, H. (2009). Eichmann in Jerusalem: Ein Bericht von der Banalität des Bösen. München: Piper

Baker, N. (2009). Menschenrauch – Wie der Zweite Weltkrieg begann und die Zivilisation endete. Reinbek bei Hamburg: Rowohlt

Becker, D. (1992). Ohne Hass keine Versöhnung – Das Trauma der Verfolgten. Freiburg im Breisgau.: Kore

Beier, R. & Biedermann, B. (Hrsg.) (1993). Lebensstationen in Deutschland – 1900 bis 1993. Gießen: Anabas Verlag

Benz, U. (1992). Sozialisation und Traumatisierung – Kinder in der Zeit des Nationalsozialismus. Frankfurt am Main: Fischer

Borowski, T. (2008). Bei uns in Auschwitz. München: btb

Broszat, M. (2009). Kommandant in Auschwitz. München: dtv

Dokumentationszentrum Reichsparteigelände Nürnberg (Hrsg.)(2006). Faszination und Gewalt. Nürnberg: Druckhaus Nürnberg

Einstein, A. & Freud, S. (1972). Warum Krieg? – Ein Briefwechsel mit einem Essay von Isaac Asimov. Zürich: Diogenes

Frankl, V.E. (2005). … trotzdem Ja zum Leben sagen – ein Psychologe erlebt das Konzentrationslager. München: dtv

Fröhlich-Gildhoff, K., Rönnau-Böse, M. (2009). Resilienz. Basel: UTB

Gellately, R. (2004). Hingeschaut und weggesehen – Hitler und sein Volk. München: dtv

Gergen, K.J., Gergen, M.M. (1986). Social Psychology. New York: Springer

Gerlach, Ch., Aly G. (2004). Das letzte Kapitel – Der Mord an den ungarischen Juden 1944–1945. Frankfurt am Main: Fischer

Heinl, P. (1994). Maikäfer flieg, dein Vater ist im Krieg … Seelische Wunden aus der Kriegskindheit. München: Kösel

Herbert, U. (2001). BEST – Biographische Studien über Radikalismus, Weltanschauung und Vernunft 1903-1989. Bonn: Verlag J.H.W. Dietz Nachfolger

Herzka, H.St., Schumacher, A., Tyrangiel, S. (1989). Die Kinder der Verfolgten – Die Nachkommen der Naziopfer und Flüchtlingskinder heute. Göttingen: Vandenhoeck&Ruprecht

Hessel, S. (2011). Empört euch! Berlin: Ullstein

Hildenbrand, B., Welter-Enderlin, R. (Hrsg.)(2010). Resilienz – Gedeihen trotz widrigen Umständen. Heidelberg: Carl-Auer

Judt, T. (2011). Dem Land geht es schlecht. Ein Traktat über unsere Unzufriedenheit. München: Hanser Verlag

Kammerer, A., Kammerer, W. (2005). Narben bleiben – Die Arbeit der Suchdienste 60 Jahre nach dem Zweiten Weltkrieg. Deutsches Rotes Kreuz

Keilson, H. (1996). Der Tod des Widersachers. Frankfurt am Main: Fischer

Keller, G. (1981). Die Psychologie der Folter. Frankfurt am Main: Fischer

Keller S. (1998). Grüningers Fall. Geschichten von Flucht und Hilfe. Zürich: Rotpunkt Verlag/Reihe WoZ

Kempowski, W. (1999). Haben Sie davon gewusst? Deutsche Antworten. München: btb

Kertész, I. (2008). Roman eines Schicksallosen. Reinbek bei Hamburg: Rowohlt Taschenbuch

Kogon, E. (2004). Der SS-Staat – Das System der deutschen Konzentrationslager. München: Heyne

Kössler G., Rieber A., Gürsching F. (1993). … dass wir nicht erwünscht waren: Novemberprogrom 1938 in Frankfurt am Main – Berichte und Dokumente. Frankfurt am Main: dipa-Verlag

Maaz, H.J. (1992). Der Gefühlsstau. München: Knaur

Marjanovic, S. (1994). Herzschmerz – Gespräche vom Krieg mit Kindern aus dem ehemaligen Jugoslawien. München: Piper

Matussek, P. (1971). Die Konzentrationslagerhaft und ihre Folgen. Heidelberg: Springer

Mentzos, S. (1993). Der Krieg und seine psychosozialen Funktionen. Frankfurt am Main: Fischer

Mitscherlich A., Mitscherlich M. (2007).Die Unfähigkeit zu trauern: Grundlagen kollektiven Verhaltens. München: Piper

Müller, H. (2009). Atemschaukel. München: Carl Hanser

Niederland, W.G (1980). Folgen der Verfolgung: Das Überlebenden-Syndrom Seelenmord. Frankfurt am Main: Suhrkamp

Opp, G., Fingerle, M. Freytag, A. (Hrsg.) (1999). Was Kinder stärkt – Erziehung zwischen Risiko und Resilienz. München: Reinhardt

Plänkers, T. (1993). Die Angst vor der Freiheit – Beiträge zur Psychoanalyse des Krieges. Tübingen: Edition Diskord

Pollack, M. (2004). Der Tote im Bunker. Wien: Zsolnay

Priester, K. (2003). Rassismus – eine Sozialgeschichte. Leipzig: Reclam

Primo, L. (2005). Ist das ein Mensch? München: dtv

Reemtsma, J.P. (2001). Wie hätte ich mich verhalten. München: C.H. Beck

Reemtsma, J.P. (2002). Die Gewalt spricht nicht. Stuttgart: Reclam

Schalamow, W. (2010). Durch den Schnee – Erzählungen aus Kolyma I. Berlin: Matthes&Seitz

Sebold, W.G. (2013). Austerlitz. Frankfurt am Main: Fischer

Shendar, Y. (Hrs.) (2005). Der Soldat Tolkatchev an den Toren zur Hölle. Die Befreiung von Majdanek und Auschwitz: Zeugnis eines Künstlers. Jerusalem: Yad Vashem

Stein, H. (2008). Konzentrationslager Buchenwald 1937-1945 – Begleitband zur ständigen historischen Ausstellung. Göttingen: Wallenstein Verlag

Täuberich, H.-Chr. (Hrsg.) (2007). Verführt. Verleitet. Verheizt. Das kurze Leben des Hitlerjungen Paul B. Nürnberg: Museen der Stadt Nürnberg

Toland, J. (1977). Adolf Hitler. Bergisch Gladbach: Gustav Lübbe Verlag

Welzer, H. (2006). Täter – wie aus ganz normalen Menschen Massenmörder werden. Frankfurt: S. Fischer

Werner, E. Smith, R. (2001). Journeys from Childhood to Midlife. Risk, Resilience, and Recovery. London: Cornell University Press

Wuketits, F.M. (2000). Warum uns das Böse fasziniert. Stuttgart: S. Hirzel Verlag

Ziegler, J. (1986). Mitten unter uns – Natzweiler-Struthof: Spuren eines Konzentrationslagers. Hamburg: VSA

Zimbardo, P. (2007). The Lucifer Effect – Understanding How Good People Turn Evil. New York: Random House

Lesempfehlungen

Borowski, T. (2008). Bei uns in Auschwitz. München: btb

Dorsch M., Hoffmann Ch. (2011). Uns reichts. ein Lesebuch gegen rechts. Vechta Langförden: Geest Verlag

Frankl, V.E. (2005). … trotzdem Ja zum Leben sagen – ein Psychologe erlebt das Konzentrationslager. München: dtv

Herbert, U. (2001). BEST – Biographische Studien über Radikalismus, Weltanschauung und Vernunft 1903-1989. Bonn: Verlag J.H.W. Dietz Nachfolger

Kogon, E. (2004). Der SS-Staat – Das System der deutschen Konzentrationslager. München: Heyne

Primo, L. (2005). Ist das ein Mensch? München: dtv

Zeitungs- und Zeitschriftenartikel

»Das Boot war nicht voll«. http://www.tagesanzeiger.ch/kultur/diverses/Das-Boot-war-nicht-voll/story/10448987, abgerufen am 28.1.2013

»Das Verhör der Rorschacher Mädchen«. In: Der Sonntag, Nr. 5/2013, Seite 4

Rundfunk

BR Hörspiel und Medienkunst in Zusammenarbeit mit dem Institut für Zeitgeschichte/Edition ›Judenverfolgung 1933–1945‹. (2013). Die Quellen sprechen. Die Verfolgung und Ermordung der europäischen Juden durch das nationalsozialistische Deutschland 1933–1945. Eine dokumentarische Höredition, vgl. auch http://die-quellen-sprechen.de/

Filme

Antosiewicz, G. (2007). ÜberLebenErzählen. Zürich: Pestalozzianum

Chomsky, M.J. (1978/2009). Holocaust – Die Geschichte der Familie Weiss. Polyband & Toppic Video/WVG

Haneke, M. (2009). Das weisse Band – eine deutsche Kindergeschichte

Imhof, M. (1980/2008). Das Boot ist voll. WVG Medien

Kotulla, T. (1977/2000). Aus einem deutschen Leben. Home Entertainment/DVD

Lanzmann C. (1985). Shoah. Produktion: Les Films Aleph, Historia Films/WDR

Lau, F., Gansel, D. (2008). Die Welle. Paramount Home Entertainment

Polanski, R. (2004). Der Pianist (2004). Ufa/DVD

Rees, L. (2005). Auschwitz – die Täter, die Opfer, die Hintergründe. BBC

Resnais, A. (1955/2005). Night and Fog. Nouveaux Pictures

Schmid, E. (1995). Er nannte sich Surava. DVD F VOD/ artfilm.ch

Spielberg, S. (1993/2004). Schindlers Liste. Universal

Thalheim, R. (2008). Am Ende kommen Touristen. Warner
Home Video – DVD

Vilsmaier, J., Vávrová, D. (2007). Der letzte Zug.
Concorde Video

Von Trotta M. (2012). Hannah Arendt – Ihr Denken veränderte
die Welt. Produktion Bettina Brokemper, Johannes Rexin,
Bady Minck, Alexander Dumreicher-Ivanceanu, Verleih: NFP

Zwick, E.M. (2008). Defiance, Constantin Film

Dank

Mein erster Dank gilt Marton Stark sowie Elise Welti, ohne sie hätte es dieses Buch nicht gegeben! Ein weiterer Dank richtet sich an zahlreiche Personen und Institutionen, die meine Arbeit unterstützt haben. Ein Dankeschön geht ebenso an den Verlag, der das Manuskript nicht wortlos (oder mit einem belanglosen Kommentar) zurückgeschickt, sondern spontan eine Zusammenarbeit angeboten hat. Das Buch zur Druckreife brachte Karin Unkrig, das Korrektorat führte Franziska Schwarzenbach aus.

Ein spezieller Dank geht auch an meine inzwischen verstorbene Mutter – Frau Berta Bachmann –, welche die Hefte von Marton Stark über all die Jahre aufbewahrt und mit einer großzügigen Spende den Druck des Buches finanziert hat.

Anmerkungen

1   Schriftsteller und Politiker, geboren 1936, gestorben 2011. Václav Havel war während der Herrschaft der kommunistischen Partei einer der führenden Regimekritiker der Tschechoslowakei und gehörte zu den Initiatoren der Charta 77, einer im Januar 1977 veröffentlichten Petition gegen die Menschenrechtsverletzungen der damaligen Regierung.

2   www.stern.de: Meldung vom 25. Januar 2012.

3   Das Lektorat hat für die Buchpublikation lediglich wenige, dem Verständnis und Lesefluss dienende Änderungen vorgenommen, um eine dritte Version zu vermeiden. Helvetismen, eingedeutschte Ausdrücke, Wiederholungen oder inhaltliche (Gedanken-)Sprünge wurden zum Teil beibehalten. Hinsichtlich der Zeitform haben wir uns entschieden, vor der Deportation gelegentlich das Perfekt beizubehalten, für die Schilderung der Kriegserlebnisse indes ausschließlich das Präteritum zu verwenden.

4   SS = Schutzstaffel, Teil der NSDAP (Nationalsozialischtische Deutsche Arbeiterpartei), erlangte im Dritten Reich die Kontrolle über das Polizeiwesen. Sie übernahm militärische Funktionen und war ab 1934 für den Betrieb der Konzentrationslager verantwortlich. 1945 wurde die SS als verbrecherische Organisation verboten.

5   Der Pengö (»klingende Münze«) war vom 1. Januar 1927 bis zum 31. Juli 1946 die Währung Ungarns. Ein Pengö entsprach 100 Fillér.

6   Heimwehren = polizeiliche oder zivile Bürgerwehren.

195

7   »Man« steht je nach Kontext für deutsche Befehlsgewalt oder Amtsträger (später auch für andere Deportierte oder ältere Lagerinsassen).

8   Als »Kapo« wurden die Funktionshäftlinge in einem KZ bezeichnet. Im Auftrag der Lagerleitung beaufsichtigten sie andere Häftlinge oder leiteten sie als Vorabeiter an. Sie erhielten für diese Dienste besondere Vergünstigungen. In größeren Lagern wurden Oberkapos eingesetzt, vgl. Glossar.

9   Muselmänner. In der Lagersprache der nationalsozialistischen Konzentrationslager jene Häftlinge, die durch völlige Unterernährung bis auf die Knochen abgemagert waren und hungerbedingt bereits charakteristische Verhaltensänderungen bis Agonie zeigten.

10 Detachement = für besondere Aufgaben abkommandierte Truppenabteilung.

11 Bude = Verschlag/Holzhütte, hier wahrscheinlich »Gruppe« und »Baracke« in einem Wort gemeint.

12 Bolkenhain. Ein Außenlager von Groß-Rosen.

13 Hirschberg. Ein Außenlager von Groß-Rosen.

14 Was gar nicht so falsch war, Marton stammte aus einem während des Kriegs Ungarn zugerechneten Teil Rumäniens.

15 Vgl. Glossar, versuchte Räumung und die letzten Tage des KZ Buchenwald.

16 Schirmbild. Das Röntgen diente der Erkennung von Tuberkulose und anderen Lungenkrankheiten.

17 Pfeilkreuzler. Offiziell Pfeilkreuzlerpartei, auch Hungaristen = eine nationalsozialistische Partei in Ungarn. Mit Unterstützung des Dritten Reiches errichteten die Pfeilkreuzler vom 16. Ok-

tober 1944 bis 28. März 1945 in den noch nicht von der Roten Armee besetzten Teilen Ungarns eine nationalsozialistische Regierung, unter welcher mehrere Zehntausend Menschen ermordet wurden. Antidemokratische und antisemitische Kräfte überschütten auch heute, im Jahr 2013, noch die relativ junge Demokratie Ungarns mit völkisch-paranoiden Parolen sowie mit Fabulierungen über das »ungarische Wesen«.

18   Ich verzichte hier bewusst auf die Frage nach Lücken oder Auslassungen, um sich/andere zu schützen, aus Scham oder um das Ganze auszuhalten. Ich versuche auch nicht die Richtigkeit von Zeit- oder Zahlenangaben zu ergründen (zumal sich diese Dimensionen für die Lagerinsassen ohnehin verschoben hatten). Die individuelle Betrachtung zum Zeitpunkt der Aufzeichnung, der phänomenologische Charakter, die Sicht eines Jugendlichen sollen unangetastet bleiben.

19   Weshalb man nicht auf die ursprünglich angeführten Berufswünsche einging, wird nicht erwähnt. Fehlende Ausbildung, mangelnde Sprachkenntnisse, kleine Realisierungschancen, Finanzen?

20   Kunstschmuck. In unseren Breitengraden als »Modeschmuck« bekannt. Damit gemeint sind Ketten, Armreife, Ringe oder Broschen, welche aktuelle Modetrends aufnehmen, relativ preiswert hergestellt und in Bijouterien, Boutiquen oder Warenhäusern verkauft werden. Die unterschiedlichen Rohstoffe, Formen, Farben und Oberflächeneffekte ermöglichen eine große Vielfalt bei kurzer Produktionszeit. Obgleich Coco Chanel in den 1920er-Jahren den Modeschmuck einführte, wurde er hauptsächlich in großen Fabriken außerhalb der Modezentren – u.a. in den USA – hergestellt. Quelle: http://de.wikipedia.org/wiki/Modeschmuck

21 Charlotte Delbo. Mitglied der Résistance (franz. Widerstandsbewegung), 1943 mit dem letzten Transport von nichtjüdischen politischen Gefangenen aus Frankreich nach Auschwitz deportiert. Nach der Befreiung 1945 verarbeitete sie ihre Erfahrungen in autobiografischen Erzählungen und Gedichten. Ihr bekanntestes Werk heißt »Trilogie – Auschwitz et après« (auf Deutsch erschienen unter dem Titel »Trilogie. Auschwitz und danach«).

22 Zu unterscheiden vom offensichtlichen, bewussten Leugnen durch NS-Sympathisanten, -funktionäre bzw. Neofaschisten.

23 Bar Mitzwa oder Bar Mizwa (hebräisch: רב מצוה, Sohn der Pflicht), für Mädchen Bat Mitzwa oder Bat Mizwa (hebräisch: בת מצוה, Tochter der Pflicht) = Tag und die Feier, wo die Religionsmündigkeit eintritt: bei Mädchen mit 12 Jahren, bei Knaben mit 13 Jahren.

24 »Holocaust – Die Geschichte der Familie Weiss« ist ein amerikanischer Fernsehfilm aus dem Jahr 1978. Er erzählt die fiktive Biographie einer jüdischen Arztfamilie aus Berlin zur Zeit des Naziregimes. Die vier Folgen wurden auch in Europa ausgestrahlt, sie führten zu zahlreichen Diskussionen über die nationalsozialistische Vergangenheit.

25 www.stern.de: Meldung vom 25. Januar 2012, abgerufen am 25. Januar 2012.

26 Nach Karl Kraus, einem der bedeutendsten Sprach- und Kulturkritiker in der ersten Hälfte des 20. Jahrhunderts.

27 Gardist. Lokaler Ableger der SS in der Slowakei.

28 Hannah Arendt täuschte sich allerdings darin, dass sie die ideologische Verblendung des Angeklagten ausklammerte. Der SS-

Obersturmbannführer handelte als Schreibtischtäter so, wie er privat dachte, und nicht als blind Ausführender oder Obrigkeitsgläubiger.

29 Es gäbe auch noch andere Erklärungen: dass die Protagonisten ihr Kriegs-Ego abgespalten hatten, in Parallel- oder bewusst gesetzten Gegenwelten lebten.

30 Das Böse im Menschen. Philosophen, Theologen, Psychologen, Soziologen, Pädagogen, Ethnologen und Ethikforscher befassen sich mit den Themenkomplexen. Die Erklärungen gehen in die Richtung von »sowohl als auch«, von angeborener Gewaltbereitschaft, gepaart mit auslösenden Ereignissen oder Einflüssen. Gleichzeitig versuchen neurologische Befunde einen Zusammenhang zwischen der Ausbildung/Reifung gewisser Hirnregionen und risikoreichem Verhalten herzustellen, etwa bei straffälligen Jugendlichen. Im Gegensatz zum auffälligen Verhalten von Individuen unterliegen Massenphänomene jedoch anderen Gesetzmäßigkeiten.

31 Wobei für Kriege, gesellschaftliche Unterdrückung oder militärische Einrichtungen auch in anderen Ländern Begriffe umgedeutet, aufgebauscht oder verharmlost werden. So gibt es kaum Kriegsministerien, dafür reihum Verteidigungs- oder Abwehrministerien.

32 In Deutschland legten es die herrschenden Kräfte darauf an, die Vermögenswerte einzuziehen und jüdische Mitbürger zu vertreiben. Mit dem Vordringen in die osteuropäischen Gebiete trafen sie auf zahlenmässig ungleich größere, zumeist wenig begüterte Bevölkerungsteile jüdischer Herkunft, denen zudem keine Auswanderungsmöglichkeit offenstand.

33 Neben dem Fanatismus erstaunt die Akribie, mit welcher Vertreibungen oder Säuberungen angegangen worden sind: Als ob es sich um irgendeinen normalen Verwaltungsakt handeln würde. So existieren seitenlange Anweisungen darüber, wie man Juden aus ihrer Wohnung entfernt, Wertgegenstände beschlagnahmt und wann dies vorzunehmen sei (bis 3.00 Uhr in der Nacht). Eine fatale Gründlichkeit, welche sich in der Systematik der Vernichtungsmachinerie fortsetzte.

34 Wobei der Gerechtigkeit halber darauf verwiesen werden muss, dass Millionen deutscher Soldaten in amerikanische, russische oder britische Gefangenschaft gerieten. Oder es sich für eine vorher in das totalitäre System gezwungene, alleinerziehende Trümmerfrau schwierig gestaltete, neben dem Überlebenskampf plötzlich offene Regimekritik zu üben. Allerdings kam es auch vor, dass sich Angehörige der Hitler-Jugend oder anderer (para)militärischer Einheiten nach dem Kriegsende distanziert zu ihrem Engagement äußerten. Im Zusammenhang mit der Aufarbeitung sei ebenso das aufrüttelnde Buch von Alexander und Margarete Mitscherlich »Die Unfähigkeit zu trauern« erwähnt, vgl. Literaturverzeichnis.

35 Abu-Ghuraib-Skandal = eine 2004 aufgedeckte Folteraffäre, die sich während der Besetzung des Irak durch die Streitkräfte der Vereinigten Staaten ereignete. Dabei wurden irakische Insassen des Abu-Ghuraib-Gefängnisses vom Wachpersonal gefoltert.

36 altruistisch = uneigennützig, selbstlos, durch Rücksicht auf andere gekennzeichnet.

37 Inwiefern der dadurch bezeugte Respekt gegenüber seinem

Text bzw. dem von ihm Durchgestandenen hineinspielte, kann lediglich vermutet werden.

38 Damals galt in der Schweiz für Angestellte die Sechstagewoche.

39 Der Frage nachgehen, wann eine Gesellschaft als human empfunden wird (Rechtsstaatlichkeit, Chancen hinsichtlich Bildung, materielle Versorgung, aber auch soziale Einrichtungen oder subjektive Kriterien, zum Beispiel einer jungen Frau mit einer Behinderung/einer älteren alleinstehenden Frau/eines poltischen Flüchtlings/eines Familienvaters etc.).

Bildnachweis

Archiv ITS

Archiv für Zeitgeschichte

Dokumentationszentrum Reichsparteigelände Nürnberg

National Archives Washington (Harry Miller, 16.4.1945)

Privatbesitz H. Bachmann

United States Holocaust Museum

Heinz Bachmann, geboren 1954, in Winterthur wohnhaft. Dr. phil., Dozent am Zentrum für Hochschuldidaktik an der Pädagogischen Hochschule Zürich, Lehrbeauftragter für Interkulturelle Kommunikation an der Universität Liechtenstein, langjährige Erfahrung in der Entwicklungszusammenarbeit und als Wahlbeobachter für die UNO, OSZE, EU. Autor diverser wissenschaftlichen Publikationen, Referent und Konsulent für Bildungsfragen. Seine Großtante, Elise Welti, hat den »Buchenwaldjugendlichen« Marton Stark wärend seines Aufenthaltes in der Schweiz betreut (1945 bis 1951) und auch später den Kontakt zu ihm aufrecht erhalten.

Marton Stark, geboren 18. Februar 1929 in Rumänien, heute in Beverly Hills wohnhaft. Er überlebte als Einziger seiner Kernfamilie den Holocaust. Nach der Befreiung aus dem KZ Buchenwald verbrachte er drei Jahre im Sanatorium Etania in Davos, 1951 emigrierte er (unterbrochen von einem kurzen Abstecher nach Manchester) zu seinem Onkel nach Los Angeles. Er heiratete, gründete eine Familie und etablierte sich trotz Anfangsschwierigkeiten als erfolgreicher Unternehmer. Seine Niederschrift, als Flüchtling in der Schweiz verfasst, bildet das Kernstück dieses Buchs.